DESPERTAR NO
SONHO

Dados Internacionais de Catalogação na Publicação (CIP)
(Câmara Brasileira do Livro, SP, Brasil)

Wallace, B. Allan
Despertar no sonho : sonhos lúcidos e Ioga Tibetana dos sonhos para o *insight* e a transformação / B. Alan Wallace ; tradução de Jeanne Pilli. 2. ed. Petrópolis, RJ : Vozes, 2015.

Título original : Dreaming yourself awake : lucid dreaming and Tibetan dream Yoga for insight and transformation
Bibliografia.

1ª reimpressão, 2021.

ISBN 978-85-326-4774-0

1. Yoga – Budismo tântrico 2. Sonhos lúcidos
I. Título.

14-01601   CDD-154.634

Índices para catálogo sistemático:
1. Sonhos : Interpretação : Psicologia
154.634

B. Alan Wallace

DESPERTAR NO SONHO

**Sonhos lúcidos e
Ioga Tibetana dos sonhos
para o *insight* e a transformação**

Tradução de Jeanne Pilli

Petrópolis

© 2012 by B. Alan Wallace

Esta tradução foi publicada com autorização de Shambala Publications, Inc.

Tradução realizada a partir do original em inglês intitulado *Dreaming Yourself Awake – Lucid Dreaming and Tibetan Dream Yoga for Insight and Transformation*

Direitos de publicação em língua portuguesa – Brasil:
2014, Editora Vozes Ltda.
Rua Frei Luís, 100
25689-900 Petrópolis, RJ
www.vozes.com.br
Brasil

Todos os direitos reservados. Nenhuma parte desta obra poderá ser reproduzida ou transmitida por qualquer forma e/ou quaisquer meios (eletrônico ou mecânico, incluindo fotocópia e gravação) ou arquivada em qualquer sistema ou banco de dados sem permissão escrita da editora.

CONSELHO EDITORIAL

Diretor
Gilberto Gonçalves Garcia

Editores
Aline dos Santos Carneiro
Edrian Josué Pasini
Marilac Loraine Oleniki
Welder Lancieri Marchini

Conselheiros
Francisco Morás
Ludovico Garmus
Teobaldo Heidemann
Volney J. Berkenbrock

Secretário executivo
Leonardo A.R.T. dos Santos

Editoração: Gleisse Dias dos Reis Chies
Diagramação: Alex M. da Silva
Capa: Felipe Souza | Aspectos

ISBN 978-85-326-4774-0 (Brasil)
ISBN 978-1-59030-957-5 (Estados Unidos)

Editado conforme o novo acordo ortográfico.

Este livro foi composto e impresso pela Editora Vozes Ltda.

Sumário

Introdução, 7

Parte I. Sonho lúcido, 17

1 Quiescência meditativa – Como estabelecer a base para a lucidez, 19

2 A teoria do sonho lúcido, 42

3 A prática dos sonhos lúcidos, 63

4 Proficiência em sonho lúcido, 86

Parte II. Ioga dos sonhos, 101

5 O universo da ioga dos sonhos, 103

6 Prática diurna da ioga dos sonhos, 119

7 Prática noturna da ioga dos sonhos, 140

Parte III. Reunindo todos os ensinamentos, 163

8 Colocando os sonhos para funcionar, 165

9 Prática individualizada e questões infrequentes, 174

10 Lucidez em meio ao sonho – Uma perspectiva mais ampla, 189

Glossário, 211

Referências selecionadas, 217

Introdução

Em todas as grandes tradições espirituais em que a meditação desempenha um papel importante, a palavra de ordem é "Desperte!" Este apelo tem repercussões na ciência da psicologia ocidental. A implicação é de que ao longo de nossas vidas nós estivemos adormecidos, essencialmente sonhando. É claro que se caminharmos como sonâmbulos pela vida iremos invariavelmente tropeçar em realidades não vistas. Dadas as incertezas da vida, precisamos estar o mais despertos possível às oportunidades e aos perigos. *Despertar no sonho* é dirigido tanto para o nosso despertar da vida-como-um-sonho quanto para nos tornarmos lucidamente conscientes em meio aos sonhos durante a noite. Ambas as situações, bem como o nosso despertar dentro delas, estão intimamente ligados. Esse despertar traz consigo a clareza e a liberdade que constituem a base para a verdadeira felicidade.

Qual é a conexão entre o despertar espiritual e os sonhos lúcidos? Em ambos os casos você está plenamente consciente dos desdobramentos de suas experiências, no momento presente. Não se deixa levar por distrações, como pensamentos e emoções. Você é capaz de observar o surgimento, a continuidade, a transformação e desvanecimento desses fenômenos com perfeita clareza. Como um grande mestre de xadrez, sua mente está totalmente focada – estável e límpida. Essa clareza é uma porta de entrada para a liberdade interior. Despertando para o potencial de cada situação, você se torna o senhor do seu destino. A prática dos sonhos pode aumentar a criatividade, resolver problemas, curar as emoções ou oferecer um teatro interior brilhante – o máximo do entretenimento. Também pode ser um valioso auxílio para a realização do despertar espiritual.

Como é estar lucidamente consciente de que está sonhando? O filósofo e médico inglês do século XVII, Sir Thomas Browne, que era capaz de testemunhar e controlar seus sonhos como um diretor de cinema, disse: "Em um único sonho, eu posso compor uma comédia inteira, observar a ação, apreender as piadas e rir, acordado..." Outro inglês do século XVII, Samuel Pepys, descreveu o potencial erótico do sonho lúcido: "Tive minha Lady Castlemayne em meus braços e me foram permitidos todos os gracejos que desejava fazer com ela, e então no sonho me dei conta que não poderia estar acordado, mas que era apenas um sonho". O antropólogo, xamã e autor de *best-sellers*, Carlos Castañeda, foi instruído por seu professor a olhar para as suas mãos enquanto sonhava. Quando conseguiu fazer isso pela primeira vez, encontrava-se em um cenário surreal e ameaçador. Castañeda afirmava dominar a "arte de sonhar", ao ponto de poder visitar outros mundos.

Despertar no sonho integra as duas abordagens mais eficazes para a prática dos sonhos – o *sonho lúcido*, desenvolvido e aprimorado pela ciência da psicologia, e a *ioga dos sonhos* do budismo tibetano. Juntas, elas o conduzirão a um despertar capaz de transformar sua vida.

Sonho lúcido

Ter sonhos lúcidos significa simplesmente estar consciente de que se está sonhando. Muitas pessoas, especialmente na infância, tiveram sonhos lúcidos e os descreveram. Muitas vezes, em um sonho lúcido, há uma sensação de alegria ao descobrir que está sonhando *naquele exato momento* – uma emoção tão intensa que pode chegar a despertá-lo. Se for capaz de manter tanto o sonho quanto a consciência de que está sonhando, surgirá uma formidável sensação de liberdade. Sabendo-se que as imagens oníricas são insubstanciais, você pode atravessar paredes ou escapar da lei da gravidade, voando sobre as vívidas paisagens imaginárias. Com o treinamento, você poderá moldar o ambiente de sonho de acordo com seus desejos. Pequenas coisas podem ser transformadas em grandes, e grandes objetos podem ser reduzidos, como desejar. O único limite é a sua imaginação. Uma vez que tenha desenvolvido um maior controle, você poderá usar o espaço do sonho como um laboratório para obter *insights* psicológicos, superar medos, fazer um trabalho criativo, divertir-se, ou meditar no ambiente virtual de sua escolha.

A ciência do sonho lúcido é um sistema de teoria e prática recentemente desenvolvido no campo da psicologia. Embora tivesse precursores importantes, Stephen LaBerge, que recebeu PhD em psicologia pela Universidade de Stanford, é o principal expoente do sonho lúcido. No final da década de 1980, LaBerge, em suas pesquisas de pós-graduação na Universidade de Stanford, tornou-se o primeiro a provar para a comunidade científica que é possível estar consciente durante o sonho. Embora muitas pessoas tivessem relatado sonhos lúcidos através dos tempos, os psicólogos assumiram que se tratava de falsas memórias – que, na verdade, as pessoas haviam despertado durante a noite, e pela manhã acreditavam equivocadamente ter estado conscientes durante o sonho. LaBerge é um sonhador lúcido extremamente talentoso e é capaz de ter sonhos lúcidos à vontade, uma habilidade que tinha naturalmente quando criança, mas havia perdido na adolescência; mais tarde, recuperou essa habilidade deliberadamente quando era estudante de pós-graduação. Como parte de sua pesquisa, ele desenvolveu um método de fazer movimentos oculares específicos durante o sonho, para que seus colegas pesquisadores soubessem que ele estava acordado, dentro de seus sonhos. Este método comprovou a existência do sonho lúcido![1]

Em Stanford, LaBerge desenvolveu meios mais eficazes de despertar em seus sonhos, de sustentá-los e de torná-los mais nítidos. A contínua pesquisa, incluindo a interação com pessoas leigas interessadas, levou à publicação de vários livros populares sobre sonho lúcido (incluindo *Lucid Dreaming, Exploring the World of Lucid Dreaming, and Lucid Dreaming: A Concise Guide to Awakening in Your Dreams and in Your Life*). Devido em grande parte aos trabalhos de LaBerge, a veracidade do sonho lúcido foi, de maneira geral, reconhecida no campo da Psicologia. Conheci Stephen LaBerge em 1992, quando eu era estudante de pós-graduação em estudos religiosos na Universidade de Stanford. Minha pesquisa era centrada no desenvolvimento contemplativo da atenção. Quando Stephen e eu conversamos sobre nossa pesquisa, nós dois percebemos imediatamente que os nossos trabalhos eram complementares. No final dos anos de 1990, Stephen e eu começamos a oferecer oficinas públicas de dez dias, que incluía o treinamento da atenção e a prática dos sonhos.

---

1. LaBERGE, S. "Lucid Dreaming: Psychophysiological Studies of Consciousness during REM Sleep". In: BOOTZEN, R.R.; KIHLSTROM, J.F. & SCHACTER, D.L. (orgs.). *Sleep and Cognition*. Washington, D.C.: American Psychological Association, 1990, p. 109-126.

Ioga dos sonhos

Historicamente, os budistas tibetanos parecem ter explorado a ioga do sono e dos sonhos mais profundamente do que qualquer outra tradição contemplativa. A *ioga dos sonhos* é parte de uma tradição espiritual, cujo objetivo é o despertar completo, chamado de "iluminação". Diz-se que a iluminação completa inclui o conhecimento de toda a realidade, em amplitude e profundidade, uma experiência além da nossa forma normal e racional. E é indissociável de uma abrangente compaixão, um profundo amor por todos os seres. Algumas vezes, a iluminação é descrita como uma experiência não dual de sabedoria e de bem-aventurança. Quanto ao real sabor da iluminação, essas descrições nos deixam com mais perguntas do que respostas, mas deve ser uma conquista extraordinária.

Na tradição budista tibetana – o estilo de espiritualidade contemplativa com o qual estou mais familiarizado – a ioga dos sonhos compreende um conjunto de práticas espirituais avançadas que funcionam como uma ajuda poderosa para despertar do *samsara*. O samsara pode ser brevemente descrito como uma experiência de sonho, vida após vida, impulsionada pela ignorância. Este, de acordo com o budismo (e outras tradições espirituais), é o nosso *modus operandi* normal. A ignorância e as visões distorcidas tecidas a partir dela são, para o budismo, a fonte de todo o sofrimento. A felicidade verdadeira e definitiva, por outro lado, resulta da eliminação da ignorância, do despertar do sonho do samsara. Um buda, um ser iluminado, significa literalmente "aquele que está desperto".

As práticas da ioga dos sonhos são baseadas em uma teoria que define a consciência em três camadas. De acordo com esta visão, a camada mais grosseira e superficial de consciência equivale ao que nós, no Ocidente, chamamos de *psique*. A psique compreende os cinco sentidos físicos, juntamente com os fenômenos mentais conscientes e inconscientes – pensamentos, sentimentos, sensações, e assim por diante. Esta é a nossa mente comum e condicionada. A psique emana de uma camada intermediária mais profunda, a *consciência substrato*. Esta é descrita como um fluxo mental sutil contendo atitudes, hábitos e tendências latentes que remontam a vidas anteriores. A camada mais profunda e mais fundamental, a *consciência primordial*, que inclui a psique e a consciência substrato, é um nível absoluto de sabedoria pura, onde o "interior" (mente) e "exterior" (mundo fenomênico) são não duais. A realização da consciência primordial é a porta de entrada para a iluminação completa.

A ioga dos sonhos busca penetrar a consciência primordial gradualmente por meio da realização de que tudo, incluindo nós mesmos, emerge e tem a mesma natureza dessa base iluminada e primordial. As práticas específicas da ioga dos sonhos permitem explorar e compreender profundamente a natureza e a origem dos fenômenos mentais da psique, a penetrar sua fonte – a consciência substrato, ou a base da mente comum – e finalmente reconhecer e repousar na consciência primordial. Embora este processo tenha início durante o sono e os sonhos, a ioga dos sonhos envolve práticas empregadas durante o dia e tem como objetivo despertar a nossa vida como um todo – durante o dia e durante a noite – do sono do *samsara*.

Meu primeiro encontro com a ioga dos sonhos foi em 1978, quando servi como tradutor para os ocidentais que participavam de ensinamentos sobre a ioga dos sonhos, oferecidos por Zong Rinpoche, um eminente lama tibetano. Ele explicou que a ioga dos sonhos é um conjunto de práticas avançadas, chamado de Seis Iogas de Naropa, e que requer uma base sólida em meditação. Seguindo esse conselho, dediquei-me às práticas fundamentais antes de tentar a ioga dos sonhos. Em 1990, recebi instruções sobre ioga dos sonhos de outro reverenciado mestre tibetano, Gyatrul Rinpoche. Dois anos depois, um amigo pediu que eu ensinasse ioga dos sonhos a ele. Perguntei a Gyatrul Rinpoche se deveria ensiná-lo e ele me deu sua permissão. Ao longo dos anos que tenho praticado e ensinado ioga dos sonhos, minha reverência e respeito por esta prática só têm crescido. Esta é uma das principais tradições do budismo tibetano e tem enormes implicações para a nossa compreensão da realidade e para o nosso progresso espiritual.

Equilibrando ioga dos sonhos e sonho lúcido

Na minha experiência, como praticante e professor de ioga dos sonhos e sonho lúcido, estas duas práticas se complementam. Essa será a abordagem adotada neste livro. Talvez a chave mais importante para o desenvolvimento das habilidades de sonho lúcido, bem como para alcançar um estágio em que as técnicas mais avançadas de ioga dos sonhos possam ser incorporadas, seja a prática de *shamatha*, ou quiescência meditativa. Composta por uma magnífica gama de métodos para treinar a atenção, shamatha não é uma prática exclusivamente budista. É encontrada em uma grande variedade de tradições contemplativas e não requer a adoção de qualquer credo religioso ou filosófico. Além disso, shamatha é extremamente benéfica para o corpo e para a mente, proporcionando relaxamento, alívio do estresse e cura, juntamente com o refinamento das habilidades da atenção. Com shamatha, a ideia básica é aumentar a concentração relaxada, de forma tal que seja facilmente possível sustentar a atenção em um objeto escolhido. Uma destas técnicas é a concentração na entrada e saída do ar durante a respiração, o método preferido pelo Buda. Pode-se também concentrar em uma imagem visual real ou imaginária, nas sensações corporais, nos fenômenos mentais ou na própria consciência. Depois de ter atingido um grau de estabilidade em shamatha, as habilidades necessárias para que o sonho lúcido e a ioga dos sonhos sejam bem-sucedidos são desenvolvidas com muito mais facilidade.

Prática individualizada

Por fim, é importante adaptar a informação e as técnicas contidas neste livro às suas próprias necessidades e habilidades. Cada um de nós é único. Não existe uma estratégia única que funcionará bem para todos. Alguns de nós adormecem facilmente. Outros não. Alguns de nós podem se lembrar de seus sonhos mais facilmente do que outros. Apesar de os psicólogos terem descoberto que há um ciclo de sono comum para os seres humanos, há também diferenças sutis entre os indivíduos. Práticas e pontos de vista que funcionam bem para uma determinada personalidade podem ser confusos e inapropriados para outra. Por essa razão, entremeada neste texto, ofereço orientação neste tema, ilustrando algumas dessas diferenças e propondo alternativas práticas – um ajuste fino que irá ajudá-lo a maximizar a sua eficiência como um iogue dos sonhos, um sonhador lúcido.

Além disso, ofereço um capítulo com perguntas e respostas tiradas de meus retiros sobre sonho lúcido e ioga dos sonhos.

A boa notícia é que sejam quais forem as nossas limitações, despertar dentro dos sonhos pode ser aprendido por qualquer pessoa disposta a fazer o esforço necessário. A chave para o sonho lúcido e para a ioga dos sonhos, o ingrediente essencial que irá nos impulsionar para além do sonambulismo obscuro de nossos hábitos é a motivação. Se nos tornarmos inspirados para a prática e comprometidos com essa exploração interior, teremos sucesso.

Parte I
SONHO LÚCIDO

1
Quiescência meditativa
Como estabelecer a base para a lucidez

Qual é o elemento essencial que distingue um sonho lúcido de um sonho comum? Em um sonho lúcido você está consciente da natureza da realidade que você está vivenciando em tempo real. Você sabe que está sonhando. Você sabe que o seu corpo está deitado na cama, dormindo, mesmo enquanto participa dos episódios no sonho, que vão desde o normal até o absolutamente fantástico. Você sabe que todos os fenômenos do seu sonho, o cenário e os participantes, são criações da sua própria mente. Enquanto em um sonho não lúcido você toma tudo como se fosse verdadeiro e nunca suspeita de estar dormindo, não importando quão bizarro possa parecer, em um sonho lúcido você sabe, em tempo real, que se trata apenas de um sonho.

Geralmente nossos sonhos são caracterizados pela falta de estabilidade. Nossa atenção é carregada para lá e para cá pelo conteúdo dos nossos sonhos e pelas nossas reações habituais a esses eventos. Shamatha é uma prática que estabiliza a nossa atenção. A estabilidade da atenção é um passo crucial para a liberdade – liberdade de transcender a consciência normal do sonho e reconhecer que estamos sonhando, manter essa lucidez e transformar os nossos sonhos em um laboratório onde podemos explorar a mente com bastante atenção. Quando aprendemos gradualmente a concentrar a nossa atenção, a confusão é substituída por uma coerência contínua – desenvolvemos domínio sobre o ambiente do sonho. Embora em shamatha estejamos desenvolvendo a concentração, ela é alcançada não pela força, mas por meio de um profundo relaxamento. Não é a concentração estressante e por fim exaustiva de um piloto de caça que, depois de algumas horas de manobras extremamente complexas, habilidosas e exigentes, precisa de pelo menos vinte e quatro horas sem nenhuma atividade para se recuperar. Em shamatha, as distrações da mente são aquietadas, para que a atenção possa finalmente repousar confortavelmente e sem esforço sobre um objeto escolhido por horas a fio[2]. Essa estabilidade é uma plataforma ideal para o desenvolvimento das habilidades para o sonho lúcido e para a ioga dos sonhos.

As técnicas que levam ao sucesso na prática dos sonhos incluem a memória prospectiva (preparar-se para lembrar de algo em um sonho futuro), a memória retrospectiva (lembrar sequências de eventos em sonhos do passado), a recordação de sinais que servem de alerta para o estado de sonho, e a concentração estável e relaxada em imagens visuais. Uma vez que os nossos estados comuns de consciência são dominados por diferentes graus de agitação e embotamento, neste momento não temos a clareza e a estabilidade necessárias para fazer uso efetivo de tais técnicas. Por outro lado, a mente relaxada, estável e vívida que foi treinada em shamatha é bastante adequada para estas tarefas.

Permita-me ilustrar esse ponto: manobrar o reino do sono com sucesso – que inclui o processo de adormecer, o sono sem

---

2. Este alto grau de concentração é chamado de "unifocalização" (Sânscrito: *ekāgratā*).

sonhos, os sonhos, despertar e voltar a dormir, e lembrar dos sonhos ao acordar – exige uma clareza maior do que o nosso entorpecimento noturno habitual proporciona. O sono comum é dominado pelo esquecimento[3]. As pesquisas demonstraram que a maior parte de nós desperta e depois volta rapidamente a dormir um certo número de vezes durante a noite. Poucos notam este hábito. No entanto, estes despertares espontâneos fornecem uma das oportunidades mais úteis para entrar em sonhos lúcidos. Podemos aprender que reingressar deliberadamente em um sonho depois de um desses intervalos pode levar a um sonho lúcido, mas se não nos *lembrarmos* de fazer isso, estaremos perdendo essas oportunidades continuamente. A clareza e a estabilidade de uma mente treinada em shamatha é uma base confiável para nos lembrarmos de aproveitar essas oportunidades.

O mesmo é válido para uma outra técnica que iremos aprender mais tarde: o uso de eventos típicos de sonhos (chamados de sinais de sonho) para nos lembrarmos, durante o sono, que estamos tendo um sonho. Ao longo do tempo, podemos elaborar uma lista de eventos que ocorrem regularmente em nossos sonhos. Podemos observar, por exemplo, que nos encontramos várias vezes em um local específico, ou que nos deparamos com uma mesma situação ou com as mesmas pessoas ou objetos repetidas vezes. Se tivermos clareza mental para nos lembrarmos da importância desses sinais quando eles aparecem em nossos sonhos, eles podem nos fazer despertar dentro do sonho. O treinamento em shamatha aumenta sig-

---

[3]. Se você não crê que a sonolência e esquecimento dominam o sono e os sonhos, passe alguns dias examinando e comparando a nitidez da sua atenção durante o dia com a da noite e a do início da manhã.

nificativamente as chances de que isso aconteça, ao passo que sem este treinamento, em nossa consciência normal de sonho, é mais provável que percamos esses sinais completamente, ou que tenhamos apenas uma vaga sensação de que eles devem ter algum significado ou aplicação.

A prática de shamatha não é exclusiva do budismo. Pode ser encontrada nas tradições contemplativas do cristianismo, do hinduísmo, do sufismo, do taoismo e de outras tradições. Creio, no entanto, que o budismo produziu um programa de shamatha amplo e bem-elaborado, que é especialmente adequado para a prática dos sonhos. A versão que irei apresentar se baseia em uma tradição que faz uso de três técnicas específicas dentro de uma sequência de dez etapas. Primeiro farei uma breve apresentação da teoria desta versão budista de shamatha e, em seguida, apresentarei uma visão geral das adaptações mais práticas dessa teoria, que podemos utilizar para desenvolver habilidades para o sonho lúcido e para a ioga dos sonhos.

Shamatha na teoria

A estrutura geral para o treinamento de shamatha aqui apresentada é extraída do livro *Stages of Meditation*, escrito pelo contemplativo budista indiano do século VIII Kamalashila. Há dez etapas, começando com os estados de atenção mais grosseiros, conduzindo ao mais sutil – o atingimento de shamatha. Após atingir shamatha, o praticante será capaz de concentrar-se sem esforço em um objeto de escolha de forma contínua durante pelo menos quatro horas. A realização de shamatha é uma raridade nos dias de hoje, até mesmo entre os contemplativos dedicados. Há duas razões principais para isso: pela urgência em ingressar, completar e realizar as práticas "mais elevadas", shamatha, embora tenha sido considerada um requisito para tais realizações, não tem sido enfatizada em muitas tradições contemplativas contemporâneas. Em segundo lugar, a menos que o praticante já tenha uma mente extremamente relaxada e equilibrada, a realização plena de shamatha pode exigir muitos meses ou mesmo alguns anos de prática solitária concentrada. No tempo em que as mentes bem-equilibradas eram mais comuns, como na calma sociedade pastoril do Tibete, a realização de shamatha era possível em um tempo menor. Mas, na civilização global acelerada e agitada de hoje em dia, essas mentes são extremamente raras.

Embora o treinamento em shamatha não seja absolutamente necessário para que a prática dos sonhos tenha sucesso, eu o recomendo enfaticamente. A realização das duas primeiras das dez etapas a seguir, no mínimo, poderia melhorar muito a própria estabilidade da atenção, não só para esta prática, como para qualquer outra atividade. Realizar os estágios mais avançados, sem contar a própria realização de shamatha, fará com que a prática dos sonhos seja relativamente rápida e fácil.

Os dez estágios do desenvolvimento de shamatha (brevemente descritos):

1) *Atenção dirigida* – O praticante desenvolve a capacidade de focar o objeto escolhido.

2) *Atenção contínua* – O praticante é capaz de manter a atenção contínua sobre o objeto por até um minuto.

3) *Atenção ressurgente* – O praticante recupera o foco rapidamente quando se distrai do objeto.

4) *Atenção constante* – O objeto de atenção não é mais completamente esquecido.

5) *Atenção disciplinada* – O praticante desfruta do samadhi ou "concentração unifocada".

6) *Atenção pacificada* – Não há mais resistência ao treinamento da atenção.

7) *Atenção plenamente pacificada* – O apego, a melancolia e a letargia estão pacificados.

8) *Atenção unifocada* – O samadhi é sustentado sem agitação ou lassidão.

9) *Equilíbrio da atenção* – O samadhi é sustentado sem falhas e sem esforço.

10) *Shamatha* – O praticante mantém a concentração em um objeto sem esforço por pelo menos quatro horas; este estado é acompanhado de maleabilidade física e mental muito maiores e de outros efeitos secundários positivos[4].

A principal metáfora aplicada a estas dez fases sucessivas é a turbulência relativa de um rio. No início, pensamentos, emoções, imagens e assim por diante correm pela mente com a força de uma cachoeira. Nos estágios posteriores, esses fenômenos mentais aparecem com menos força e menos frequência, como um rio largo e calmo, até que ao final sejam completamente pacificados, como um mar sereno.

---

4. Estes efeitos secundários incluem o aumento da energia física, da bem-aventurança mental e física, e estabilidade e vivacidade mentais muito elevadas.

Três práticas sequenciais no caminho de shamatha

Descobri que as três práticas que descreverei a seguir são as mais eficazes para as pessoas dos tempos modernos se dedicarem ao treinamento de shamatha. A primeira é a *atenção plena à respiração*. Nesta prática desenvolve-se a atenção, observando as inspirações e as expirações, testemunhando passivamente as sensações táteis associadas com a respiração natural, por todo o corpo. A experiência da respiração fornece uma ancoragem excelente, permitindo que os relaxamentos físico e mental se tornem a base da prática desde o início. Para aqueles comprometidos com o treinamento integral de shamatha descrito acima, eu recomendo que a atenção plena à respiração seja praticada nos estágios de um a quatro. Para os três estágios seguintes – cinco a sete – recomendo a prática de *estabelecer a mente no estado natural*. Nesta prática, a atenção aos fenômenos mentais substitui o foco na respiração. Observa-se todos os eventos mentais que surgirem – pensamentos, imagens mentais e emoções – de forma neutra, objetiva, sem qualquer envolvimento. Permitimos que estes eventos, que normalmente nos capturam, passem diante da janela da mente, como nuvens sopradas pelo céu. Para os estágios oito em diante, recomendo a prática de *shamatha sem sinais*, também chamada de *consciência da consciência*. Nas práticas anteriores tínhamos um objeto de foco, isto é, um sinal. Aqui, a atenção é dirigida à própria consciência. Enquanto a respiração e os fenômenos mentais são objetos identificados dentro de uma estrutura conceitual – a consciência está focada em um objeto diferente de si mesma –, aqui a consciência simplesmente repousa em si mesma, luminosa e ciente.

Estabelecer a mente em seu estado natural e a consciência da consciência, em conjunto com outras técnicas de meditação relacionadas a shamatha, são extremamente úteis para a prática dos sonhos, quer o aluno tenha ou não a intenção de seguir para os estágios mais refinados do treinamento de shamatha. Vou apresentar estas técnicas em momentos apropriados em capítulos posteriores.

As instruções dadas neste capítulo, se seguidas com diligência, permitirão que o praticante realize os três primeiros estágios do treinamento de shamatha. Se ele se inspirar a seguir adiante, de forma geral, será necessário um retiro solitário por um tempo mais longo. Para uma explicação detalhada de todo o caminho de shamatha, veja o meu livro *A revolução da atenção*[5].

Shamatha na prática

Sessão 1: relaxamento

Aqui nós oferecemos uma sequência básica de meditação para a atenção plena às sensações táteis do corpo, que conduz ao relaxamento – o ingrediente-chave na prática de shamatha – e que também é um prelúdio útil para se ter uma boa noite de sono, sem a qual a prática dos sonhos bem-sucedida é difícil, se não impossível. Começaremos esta e as sessões seguintes *estabelecendo o corpo em seu estado natural*. Em seguida, cultivando uma qualidade de presença atenta e quieta, permitiremos que a consciência permeie o campo de sensações táteis – todas as sensações que surgem tanto no interior quanto na superfície do corpo.

---

5. ALAN WALLACE, B. *The Attention Revolution*. Somerville, Mass.: Wisdom Publications, 2006 [Ou *A revolução da atenção*. Petrópolis: Vozes, 2008].

Depois de encontrar uma **postura confortável,** faça o seu melhor para permanecer imóvel, permitindo apenas os movimentos da respiração. Se estiver sentado (em uma cadeira ou no chão, de pernas cruzadas), deixe sua coluna ereta e eleve o seu esterno apenas o suficiente para que não haja pressão em seu abdômen, que o impediria de se expandir livremente conforme você inspira. Mantenha seus músculos abdominais soltos, sentindo o abdômen expandindo com cada inspiração. Onde quer que você encontre tensão ou contração no corpo, respire nessa área e, especialmente quando expirar, libere a tensão muscular. Preste atenção em particular aos músculos da face – à mandíbula, aos olhos. Complete esta preparação inicial do corpo, tomando **três respirações lentas, profundas e vigorosas,** respirando pelas narinas, descendo até o abdômen, expandindo o diafragma e, finalmente, respirando no tórax, atingindo quase a plena capacidade pulmonar; então, solte o ar sem esforço, plenamente atento às sensações correlacionadas com a respiração, conforme se manifestam por todo o corpo.

Em seguida, estabeleça a sua respiração em seu ritmo natural, notando o quanto é fácil influenciá-la com as suas preferências. Da melhor forma possível, abandone o controle e permita que a respiração flua espontaneamente, sem nenhuma intervenção, com o mínimo esforço possível.

Quando começamos a aprender meditação, nós rapidamente descobrimos o quanto a nossa mente é agitada e confusa. Às vezes somos inundados com uma cascata de pensamentos e emoções. Cultive uma **atitude positiva**, de paciência, quando se deparar com essas distrações. Em vez de reagir, tentando reprimir e forçar a mente a ficar quieta, **relaxe e solte** a energia reprimida e turbulenta do corpo-mente. Tire proveito de cada expiração como um momento natural para relaxar e soltar. Com cada expiração, perceba uma sensação progressiva de que seu corpo se derrete, se acalma, relaxa. A cada expiração, assim que notar qualquer pensamento ou imagem involuntários surgindo, apenas solte-os sem segui-los; e assim que os liberar, deixe que sua consciência desça tranquilamente mais uma vez para o corpo, simplesmente notando as sensações táteis surgindo dentro deste campo, em especial as sensações correlacionadas com a respiração. Permita-se liberar os pensamentos e cultivar uma outra qualidade de consciência, que é clara, brilhante, inteligente, atenta e silenciosa.

Sempre que se der conta de que foi capturado por pensamentos, **de que sua mente foi levada**, em vez de se sentir frustrado ou se julgar, deixe que a sua resposta simples e imediata seja relaxar mais profundamente, soltar os pensamentos e trazer sua consciência de volta a este campo tranquilo da experiência tátil. Adote a **duração** de vinte e quatro minutos para a sua sessão de práticas (chamada, em sânscrito, um *ghatika*, que foi considerado ideal para o treinamento inicial de meditação na antiga Índia). Continue com a **intenção** de manter sua atenção no campo de sensações táteis associadas à respiração e, quando achar que se distraiu, relaxe mais profundamente, abandone as distrações e retorne para o corpo.

Esta sequência prática agora é dada em forma resumida para que você possa dispensar as distrações causadas pela leitura do livro conforme pratica. Basta alguns momentos para se familiarizar com as instruções, memorizar a sequência, e então começar.

Resumo da prática:
- Postura: supino (*shavasana*, ou postura do cadáver)[6] ou sentado.
- Respiração: em seu ritmo natural.
- Atitude positiva: cultivo do relaxamento.
- Atenção: no campo das sensações táteis.
- Quando se distrair: traga gentilmente a atenção de volta para o campo das sensações táteis.
- Duração: um *ghatika* (vinte e quatro minutos).
- Intenção: observar as sensações táteis, relaxar e retornar quando se distrair.

Comentário

A técnica básica de shamatha envolve a interação de duas faculdades mentais: a atenção plena e a introspecção. A *atenção plena* (*mindfulness*, em inglês) pode ser definida como uma atenção contínua em um objeto escolhido, o que exige manter a tarefa em mente e não se distrair com outros fenômenos. A *introspecção* (como definiu o budista indiano do século VIII, Shantideva) é "a verificação repetida do estado em que se encontra seu corpo e sua mente"[7]. Portanto, a introspecção permite uma espécie de controle de qualidade, reconhecendo quando a atenção foi desviada, e serve de alerta para que a atenção ple-

---

6. Entre nesta postura deitando-se de costas, com a coluna em uma linha reta da cabeça aos calcanhares, com os pés juntos e relaxados, deixando que caiam para o lado. Seus braços devem estar estendidos, ligeiramente afastados do corpo, com as palmas das mãos voltadas para cima.

7. SHANTIDEVA. *A Guide to the Bodhisattva Way of Life*. Vol. 108. Ithaca, NY.: Snow Lion Publications, 1997 [Trad. de V.A. Wallace e B.A. Wallace]..

na se restabeleça. O praticante foca a mente usando a atenção plena para se lembrar da tarefa e, quando a atenção se desvia, a introspecção toma conhecimento para que o praticante possa novamente se dirigir para o objeto de atenção. *Lembre-se* de sua intenção e *verifique* se a está cumprindo a cada momento.

Tenho uma forte impressão de que a maneira como respiramos quando estamos em sono sem sonhos é bastante restauradora para o corpo e para a mente. Quando estamos sonhando, nossos pensamentos e emoções podem interferir com a nossa respiração. A maioria de nós já despertou de um pesadelo – talvez um daqueles em que estamos sendo perseguidos por algo assustador – e se viu respirando com dificuldades. No sono sem sonhos, nossos pensamentos compulsivos – de esperanças e temores, fixações e antecipações, e atividade emocional – estão dormentes. Utilizando a prática descrita acima, podemos induzir esta respiração restauradora relaxando durante toda a expiração e, em seguida, em vez de puxar o ar, simplesmente permitindo que a inspiração flua passivamente. Nós abandonamos suavemente todo o controle da respiração, despreocupados com a duração relativa das inspirações e expirações, respirando sem esforço.

Permitimos que a atenção fique difusa, escaneando as sensações táteis associadas à respiração e também as sensações que surgem na parte inferior do corpo – pernas e parte inferior do tronco. Isso leva a nossa energia e atenção para longe da cabeça, nos estabelecendo em nossa base e diminuindo a interferência de pensamentos. Ao se deitar, experimente esta prática na posição de supino por um tempo curto – cinco, dez, vinte minutos, ou mais se desejar – antes de ir para sua posição normal de dormir. Nas expirações iniciais, libere primeiro toda a tensão muscular do corpo, e quando estiver completamente relaxado fisicamente, libere também todos os pensamentos que surgirem – soltando lentamente o ar... soltando... soltando... – e, em seguida, permita que a inspiração flua espontaneamente. Em pouco tempo se sentirá em um ritmo profundo e relaxante. Isto, não apenas irá contribuir para uma boa noite de sono, mas será um prelúdio útil para o sonho lúcido.

Sessão 2: estabilizando a atenção

Depois de relaxar, com a atenção nas sensações táteis em todo o corpo, passamos para uma segunda fase, estreitando nosso foco para os movimentos de subir e descer do abdômen conforme respiramos, promovendo a estabilidade da atenção.

Depois de encontrar uma posição confortável, comece estabelecendo o corpo em seu estado natural, imbuído das três qualidades de relaxamento, quietude e vigilância. Tendo feito isso, conclua esta etapa inicial com respirações lentas e profundas. Em seguida, **estabeleça a respiração no seu ritmo natural** e então, como antes, deixe sua consciência **permear todo o campo de sensações táteis**, enquanto observa especialmente as sensações relacionadas com a respiração, onde quer que surjam dentro do campo do corpo. Dentro deste campo, deixe sua consciência permanecer difusa.

Nesta primeira fase da atenção plena à respiração, a ênfase principal está em permitir que surja uma sensação de tranquilidade, conforto e relaxamento no corpo e na mente. Facilitamos esse processo, relaxando especialmente com cada expiração, soltando o excesso de tensão muscular, liberando imediatamente qualquer pensamento ou imagem involuntária que surjam na mente – liberando-os e deixando a consciência retornar imediatamente para o campo das sensações táteis.

A sensação de tranquilidade e relaxamento é indispensável para cultivar as habilidades de atenção e para a prática dos sonhos. Mas isso por si só não é suficiente. Precisamos também introduzir o elemento de **estabilidade** – a continuidade voluntária da atenção. Então, agora iremos intensificar esta prática, estreitando o foco de atenção. Em vez de focar em todo o corpo ou deixar a atenção permear todo o corpo, agora concentre a atenção mais firmemente nas sensações táteis do abdômen subindo e descendo a cada inspiração e expiração. Estreite o seu foco. Continue deixando a respiração fluir livremente, sem restrição ou esforço, e com atenção plena, simplesmente observando as sensações, sem sobreposição conceitual, sem cogitação – apenas as sensações na região do abdômen relacionadas ao fluxo da respiração.

Note a duração de cada inspiração e expiração, se é curta ou longa. Continue relaxando a cada expiração, superando assim a agitação, a excitação da mente. Mas com cada inspiração, eleve a sua atenção, superando assim a lassidão e o embotamento. Deste modo, cada ciclo da respiração é como uma sessão de meditação completa, projetada para superar a agitação e a lassidão, e para cultivar a estabilidade e a vivacidade. À medida que a mente se acalma e a atenção se estabiliza cada vez mais, você poderá perceber que isso aumenta o grau de relaxamento e tranquilidade do corpo e da mente. Ao mesmo tempo, quanto maior for a sensação de relaxamento no corpo e na mente, mais fácil será estabilizar a atenção. Existe uma sinergia entre estas duas qualidades. Continue alternando o relaxamento e a elevação da atenção, na expiração e na inspiração.

E agora, para ajudar a conter o fluxo de pensamentos obsessivos, para deixar de ser compulsivamente levado por pensamentos, pode ser útil, pelo menos ocasionalmente, contar as respirações, substituindo muitos pensamentos errantes por alguns pensamentos regulares – a contagem. Existem vários métodos e este é um deles: inspire, permitindo que o ar flua sem esforço até o final da inspiração. Pouco antes de a expiração começar, mentalmente, e muito brevemente, conte "um". Depois expire, relaxando, soltando os pensamentos durante toda a expiração. Eleve tranquilamente sua atenção durante a próxima inspiração, até o seu final, e então conte mentalmente, e muito brevemente, "dois". Portanto, há uma contagem no final de cada inspiração. Você pode contar várias vezes de um a dez, ou de um a vinte e um, ou continuar contando como preferir. Deixe a contagem ser muito sucinta, muito breve, apenas como um lembrete para se manter continuamente consciente do fluxo das sensações na região do abdômen relacionadas à inspiração e à expiração, da melhor forma possível.

Encerre a sessão.

Resumo da prática:
- Estabeleça o corpo em seu estado natural.
- Respire em um ritmo natural.
- Primeira fase: atenção no campo de sensações táteis (treinando o relaxamento).
- Segunda fase: atenção no abdômen subindo e descendo (treinando a estabilidade).

- Alterne superando a agitação (na expiração) e elevando a atenção (na inspiração).
- Conte as respirações.
- Duração: um ghatika (vinte e quatro minutos).
- Intenção: treinar a estabilidade.

Comentário

Embora a técnica pareça simples e direta, a mente que estamos treinando – condicionada pelas nossas experiências de vida e formação cultural – não é assim. O primeiro choque que os iniciantes geralmente levam é o grande volume de "ruído" mental, que confunde a consciência quando se começa a meditar. Embora possa parecer que a própria prática tenha introduzido essas distrações, elas estiveram lá o tempo todo, consideradas como parte do funcionamento normal das nossas mentes. Rapidamente descobrimos que há dois tipos principais de distração que nos fazem esquecer a nossa tarefa: a agitação e o torpor. Para a maioria de nós, a agitação é o nosso maior problema inicial em focar o objeto escolhido. Estamos habituados a pensar rapidamente, esvoaçando por uma variedade de assuntos – atendendo telefonemas, conversando, navegando na internet, realizando múltiplas tarefas simultaneamente. Nós desenvolvemos um desejo intenso por objetos e experiências que exigem muita atividade. Pedir a nós mesmos para subitamente nos acalmarmos e nos concentrarmos em nossa respiração é pedir demais.

Quando não estamos agitados, estamos muitas vezes entorpecidos – fatigados pelo ritmo acelerado e estressante da vida moderna. Nessas ocasiões, quando tentamos meditar, vemos que o nosso foco não é nítido. O objeto de atenção carece de vivacidade. Nós nos desligamos e, minutos depois, percebemos que estávamos sonhando acordados ou dormindo. O que devemos buscar, então, é um meio-termo entre a agitação e o torpor. Para preparar esta base intermediária, desde o início, enfatizamos as atitudes de relaxamento, quietude e vigilância. O relaxamento e a quietude diminuem a agitação, enquanto a vigilância neutraliza o torpor. Com isso em mente, nos tornamos gradualmente capazes de experimentar momentos de clareza – uma trégua do nosso fluxo mental normal que oscila entre agitação e torpor.

Sessão 3: a vivacidade da atenção

Passaremos agora pelas duas primeiras fases, de focar a atenção no campo de sensações táteis em todo o corpo e de focar a atenção nos movimentos do abdômen, subindo e descendo, e entraremos na terceira fase – do desenvolvimento da vivacidade da atenção.

Estabeleça o corpo mais uma vez em seu estado natural, deixando que a consciência permeie todo o campo do corpo, mantendo o corpo tranquilo, quieto, em uma postura de vigilância. Se achar útil, faça três respirações lentas e profundas para concluir esta acomodação inicial do corpo. **Estabeleça a respiração em seu ritmo natural**, fluindo sem esforço. Por alguns instantes deixe que a sua consciência continue difusa, **preenchendo todo o campo tátil do corpo**, deixando que sua atenção se mova à vontade dentro deste campo, observando qualquer sensação que surgir, especialmente aquelas relacionadas com a respiração. Mantenha a atenção no campo de sensações do corpo, sem se deixar levar por pensamentos ou para outros campos sensoriais. Continue relaxando e soltando a cada expiração.

Passamos agora para a segunda fase, em que, como na prática anterior, estreitamos mais o foco da atenção nos movimentos do subir e descer do abdômen, introduzindo o elemento de **estabilidade da atenção**, cultivando deliberadamente a continuidade firme da atenção plena, sem ser aprisionada pelos pensamentos e sem se deixar levar para outros campos dos sentidos. Mantenha-se engajado com o fluxo contínuo de sensações do abdômen subindo e descendo, a cada inspiração e expiração. Relaxe a cada expiração como fez anteriormente, soltando imediatamente quaisquer pensamentos ou imagens involuntárias. Com cada inspiração, eleve sua atenção, e da melhor forma possível mantenha um fluxo contínuo de atenção plena às sensações táteis relacionadas à inspiração e à expiração que se manifestam no abdômen. Deixe que este seja um trabalho em tempo integral. Há sempre algo para fazer. Permaneça engajado. Sustente o foco. Relaxe a cada expiração, elevando sua atenção a cada inspiração.

E, por fim, introduziremos agora o elemento de **vivacidade**. Passamos para a terceira fase da atenção plena à respiração, levando o foco da atenção para as aberturas das narinas ou para a área logo acima do lábio superior, onde quer que possa perceber mais claramente as sensações do ar fluindo para dentro e para fora. Foque sua consciência mental sobre essas sensações táteis da respiração, não a sua consciência visual. Mantenha os músculos do rosto relaxados, os olhos soltos, a testa aberta. Observe se não está direcionando seus olhos para a ponta do seu nariz; isto apenas causará tensão, ou até mesmo dores de cabeça. Assim, mantenha todo o rosto solto, relaxado, e foque apenas a sua consciência mental nas sensações da entrada e saída do ar pelas aberturas das narinas. Foque sua atenção na diferença de temperatura do ar na inspiração e na expiração pelas narinas, que sai um pouco mais quente. À medida que sua respiração se torna mais calma e refinada, essa diferença se tornará mais e mais sutil, desafiando-o a fazer com que sua consciência fique mais vívida.

Por puro hábito, os pensamentos involuntários surgirão inevitavelmente um após o outro, e a mente continuará divagando. Mais uma vez, a fim de conter esse fluxo involuntário de pensamentos, imagens e memórias, experimente contar as respirações. Contando brevemente ao final de cada inspiração, pouco antes do começo da expiração, cristalize sua atenção, e observe atentamente as sensações da respiração ao longo de todo o curso da expiração. Mesmo que haja uma pausa no final da expiração, você ainda poderá detectar sensações nas aberturas das narinas. Continue a observá-las e, em seguida, acompanhe as sensações durante todo o curso da inspiração, seguida por uma breve contagem. Da melhor forma possível, mantenha um fluxo contínuo de atenção plena; engaje-se com o fluxo contínuo de sensações nas aberturas das narinas. Desta forma, você exercita e aperfeiçoa a faculdade da atenção plena.

Na prática de shamatha **desenvolvemos e aperfeiçoamos a faculdade da atenção plena**, e também da introspecção – nossa capacidade de monitorar o estado da mente, monitorar o processo de meditação, reconhecendo rapidamente quando a mente foi capturada e levada por pensamentos, ou quando a mente está simplesmente entrando em um estado de entorpecimento ou lassidão, talvez a caminho de adormecer. Assim que reconhecer, por meio da introspecção, que a sua atenção se tornou agitada, capturada e levada por pensamentos, deixe que a sua primeira resposta seja relaxar profundamente, soltar o pensamento e imediatamente voltar a se engajar com as sensações da respiração. Mas antes de tudo relaxe – solte-se.

E assim que reconhecer, por meio da introspecção, que a sua mente está perdendo a clareza, caindo na lassidão ou no torpor, deixe que sua primeira resposta nesta situação seja a de elevar sua atenção e renovar o interesse em treinar a mente. Leve o foco de sua atenção de volta às sensações da respiração. Desta forma, equilibre sua atenção, superando suas inclinações em direção ao déficit de atenção, como o torpor, e à hiperatividade da atenção, como a agitação ou excitação.

Depois de vinte e quatro minutos, encerre a sessão.

Resumo da prática:
- Estabeleça o corpo em seu estado natural.
- Respire em um ritmo natural.
- Primeira fase: atenção no campo de sensações táteis (relaxamento).
- Segunda fase: atenção no abdômen subindo e descendo (estabilidade).
- Terceira fase: atenção na abertura das narinas (cultivando a vivacidade da atenção).
- Conte as respirações.
- Melhore a atenção plena por meio da introspecção.

Comentário

As três fases que desenvolvemos até este ponto – relaxamento, estabilidade e vivacidade – podem ser comparadas à estrutura de uma árvore. A raiz de toda a prática é o relaxamento. O tronco é a estabilidade. Assim como as raízes de uma árvore sustentam o tronco, do mesmo modo o relaxamento sustenta a estabilidade da atenção. E da mesma forma, sem a estabilidade do tronco, a folhagem – a vivacidade de shamatha – não pode ser sustentada. Você precisa das três qualidades e elas devem estar em equilíbrio sinérgico. Se o relaxamento for muito intenso, é provável que você se sinta entorpecido e sonolento. Se a vivacidade for muito intensa e vigorosa, você poderá se sentir agitado.

Se você quiser desenvolver shamatha de forma eficiente, não subestime o desenvolvimento inicial do relaxamento. Experimente a posição em supino e mergulhe profundamente na calma, no relaxamento e na descontração. Observe, então, como a estabilidade pode emergir dessa sensação de grande tranquilidade. Você pode permanecer bastante centrado e focado, sem precisar se concentrar de forma cada vez mais rígida. Assim, relaxamento e estabilidade equilibram-se mutuamente. A maioria das pessoas, quando têm o seu primeiro sonho lúcido, notam alguma anomalia, algum objeto ou evento estranho em seu sonho e isso catalisa a consciência de que estão sonhando. E então ficam tão animados que dois segundos depois acabam acordando. A estabilidade originada do relaxamento irá permitir que você se mantenha estável em vez de agitado, prolongando seus sonhos lúcidos.

O segundo ato de equilíbrio é entre estabilidade e vivacidade. Assim como é importante que a estabilidade não seja obtida às custas do relaxamento, o aumento da vivacidade não deve enfraquecer a estabilidade. Você deve intensificar a clareza, a luminosidade e o brilho, mas sem causar agitação, que o faria perder a coesão mental. A técnica para aumentar a vivacidade é focar a atenção em um objeto mais sutil, como as sensações da respiração na região das narinas. É preciso mais atenção para acompanhar essas sensações do que para seguir os movimentos relativamente mais grosseiros do abdômen durante a respiração. Se por meio da introspecção você notar que o grau de vivacidade está causando agitação, retroceda um pouco, relaxe e retome a estabilidade. A estratégia completa, então, é permitir que a estabilidade se desenvolva a partir do relaxamento e que a vivacidade surja a partir da estabilidade.

Naturalmente, cada praticante utilizará estas três técnicas de shamatha de acordo com os graus de atenção, agitação e lassidão trazidos inicialmente à prática. Estas são as qualidades de nossas mentes no momento – o produto de nossos hábitos e experiências mentais. Ao tentar aplicar cada uma destas técnicas, alternando-as, e assim por diante, você irá gradualmente compreender seus pontos fortes e fracos e refinar a sua rotina de meditação de forma adequada, utilizando as sugestões acima como guia. Mais à frente neste livro, eu apresentarei outras práticas que irão aperfeiçoar ainda mais a sua capacidade de realizar as tarefas necessárias para o sonho lúcido e para a ioga dos sonhos.

Possibilidades mais profundas

Enquanto estamos desenvolvendo shamatha, podem surgir experiências relacionadas às camadas mais profundas da consciência espontaneamente. Elas podem ser comparadas a raios de luz atravessando as nuvens da nossa consciência normalmente condicionada. Podem se manifestar como premonições ou visões remotas. Lembro-me que, durante um retiro, havia um praticante que não tinha ideia do que seria servido no almoço, mas descreveu o menu perfeitamente. Ficou muito surpreso quando desceu para almoçar. Sua experiência clarividente surgiu espontaneamente. Vi casos semelhantes de premonição envolvendo alguns dos iogues com quem vivia nas colinas acima de Dharamsala, na Índia, na década de 1980, muitos dos quais haviam estado em retiros fechados e solitários por décadas. Eles perceberam que tinham sonhos premonitórios na noite anterior à chegada de algum visitante inesperado. Eu mesmo tive um aluno que, praticando meditação de shamatha, teve visões sobre receber mensagens de determinadas pessoas. Logo depois, quando verificou seus e-mails, sua premonição foi confirmada.

2
A teoria do sonho lúcido

O estudo do sonho lúcido começou de fato há três décadas no campo da pesquisa sobre o sono, um ramo da Psicologia. Entre os mais conhecidos pesquisadores da área estão Stephen LaBerge, Paul Tholey, Harald von Moers-Messmer, G. Scott Sparrow e Keith Hearne[8]. A psicologia ocidental só aceitou a validade do sonho lúcido no final de 1980, quando LaBerge provou sua existência em um experimento de laboratório. Antes disso, os psicólogos tinham certeza de que estar dormindo e estar consciente eram estados mentais mutuamente excludentes, apesar do fato de os sonhos lúcidos não serem incomuns. Embora o trabalho de Stephen LaBerge e outros tenha popularizado os sonhos lúcidos em algum grau entre o público em geral, a pesquisa sobre o sonho lúcido até o momento não se tornou um grande esforço científico.

A aceitação relutante oferecida pela psicologia ao sonho lúcido não é de surpreender. A ciência da psicologia ocidental tem apenas 140 anos e continua a lutar por respeito dentro da comunidade científica. Dado o seu foco predominantemente materialista, a ciência sempre foi relutante em examinar

---

8. Houve pioneiros anteriores, incluindo o Marquês d'Hervey de Saint Denys no século XIX. Em 1867, ele publicou anonimamente um livro intitulado *Les reves etles moyens de les diriger: observations pratiques [Os sonhos e os meios de dirigi-los: observações práticas]*.

fenômenos imateriais como a mente. De fato, em especial na neurociência, os cientistas têm procurado definir a mente e os fenômenos mentais como essencialmente materiais – como subprodutos do cérebro físico composto por neurônios, sinapses, células da glia, neurotransmissores, e assim por diante. De acordo com esta visão, pensamentos, emoções e sonhos são apenas eventos eletroquímicos que acontecem dentro do cérebro. Seu conteúdo – "Me sinto tão bem!", "Esta torta está uma delícia", "Eu tive um pesadelo" – é irrelevante para os químicos, biólogos, neurologistas e outros, preocupados em reduzir a mente a suas causas físicas.

Esta atitude revela uma intolerância à incerteza. Os cientistas realmente não conhecem a natureza das correlações entre eventos mentais e neurais, mas em vez de enfrentar essa incerteza, os materialistas simplesmente decidem que o que não pode ser medido cientificamente, ou seja, os eventos mentais, é equivalente ao que pode ser medido, ou seja, a atividade cerebral. No início da história da psicologia os comportamentalistas adotaram uma abordagem semelhante ao equiparar a atividade mental ao comportamento físico. Na realidade, não há nenhuma evidência de que as experiências subjetivas sejam o mesmo que seus processos cerebrais correlacionados ou suas formas resultantes de comportamento; assim tais afirmações são não científicas. Não são de fato nada mais do que especulações metafísicas apresentadas como fatos científicos que levam à ilusão do conhecimento – o principal obstáculo na busca da verdade. Todas as declarações sobre os eventos mentais estarem localizados no cérebro, atribuindo funções cognitivas como "saber", "lembrar" e "perceber" aos neurônios, baseiam-se na equivalência imaginada entre eventos mentais e neurais. Isto equivale a antropomorfizar o cérebro, enquanto nos desumaniza como seres sencientes. Embora as descobertas recentes (como a neuroplasticidade – a capacidade do cérebro de se reestruturar a partir da experiência) tenham causado rachaduras significativas nesta muralha científica, e ainda existam grandes problemas em determinar a relação exata entre os fenômenos mentais e a atividade cerebral, a ciência moderna do cérebro ainda mantém firmemente a sua posição filosófica baseada no materialismo.

Este é um grande contraste com a psicologia oriental e, em particular, com a história, teoria e práticas budistas da ioga dos sonhos. A psicologia, o estudo da mente, era uma questão central – talvez *a* questão central – do budismo desde que o Buda Shakyamuni começou a dar ensinamentos na Índia, há 2.500 anos. Porque de acordo com a visão budista, o mundo da *experiência* é a porta de entrada para o conhecimento; a ideia de que a mente poderia ser uma entidade física não era seriamente considerada. O conteúdo e as inter-relações dos fenômenos mentais eram de suprema importância para a compreensão tanto da mente quanto do universo físico. Seria justo dizer que, se os budistas antigos tivessem sido apresentados aos telescópios e microscópios, eles teriam se interessado profundamente, não só pelas coisas que podem ser vistas por eles, como também pelas relações entre esses dados, a natureza dos instrumentos e as mentes que os observam[9].

---

9. Em uma crítica budista das filosofias indianas, o único exemplo parecido com o materialismo científico moderno (do pensador indiano Cārvāka, século VII a.C.) foi rejeitado quase imediatamente. RAJU, P.T. *Structural Depths of Indian Thought*. Albânia, N.Y.: Suny Press, 1985, cap. 3.

Quando chegarmos à ioga dos sonhos, estudaremos teorias e práticas derivadas das Seis Iogas de Naropa[10], datadas do século XI, bem como a apresentação da ioga dos sonhos dentro dos ensinamentos sobre os Seis Bardos, da linhagem Nyingma do Budismo Tibetano[11]. Os ensinamentos sobre a ioga dos sonhos têm sido transmitidos ao longo de mil anos, dentro de uma tradição baseada no empirismo, onde o aluno segue a orientação de um mestre que tem experiência e conhecimento na transformação e exploração de estados da consciência. Embora não sejam usados instrumentos científicos para comprovar as experiências da ioga dos sonhos, elas são replicáveis e podem se tornar públicas por meio de perguntas investigativas do mestre e das descrições detalhadas do aluno. Qualquer pessoa que desejar fazer o esforço poderá experimentá-las por si mesma. Esta é, portanto, uma abordagem "objetiva" e "científica", comparável à comprovação de sonhos lúcidos feita por LaBerge. Sua experiência era puramente subjetiva – ninguém mais podia observá-la diretamente. Seu método engenhoso de demonstrar que estava ao mesmo tempo dormindo e consciente está na mesma categoria dos métodos empíricos utilizados pelos iogues do sonho para verificar suas experiências subjetivas. Assim como a demonstração de LaBerge

---

10. Compiladas no século XI d.C. pelo monge budista indiano Naropa, estas são as seis práticas avançadas de *tummo* (calor interno), a ioga do corpo ilusório, o ioga da clara luz, a ioga dos sonhos, a ioga do estado intermediário (o *bardo* pós-morte) e a ioga da transferência de consciência (*phowa*). Cf. Tsong-Kha-Pa. *The Six Yogas of Naropa*: Tsongkhapa's Commentary Entitled "A Book of Three Inspirations: A Treatise on the Stages of Training in the Profound Path of Naro's Six Dharmas". Ithaca N.Y.: Snow Lion Publications, 2005 [Comumente referido como *The Three Inspirations*] [Trad. de G.H. Mullin].

11. PADMASAMBHAVA. *Natural Liberation*: Padmasambhava's Teachings on the Six Bardos. Boston: Wisdom Publications, 2008 [Comentado por G. Rinpoche] [Trad. de B. Alan Wallace].

foi perfeitamente válida para demonstrar uma atividade que os instrumentos não poderiam medir, da mesma forma a abordagem subjetiva e empírica da tradição da ioga do sonho pode ser avaliada cientificamente – desde que haja determinação para fazê-lo.

Se a ioga dos sonhos é tão eficaz e foi tão exaustivamente testada, por que deveríamos nos preocupar com a teoria e a prática da ciência moderna do sonho lúcido? Há duas razões: em primeiro lugar, a ioga dos sonhos é uma técnica avançada apropriada para os alunos que já possuem mentes relativamente estáveis e, em geral, é ensinada apenas para aqueles que atingiram um determinado nível em outros treinamentos iogues. Por isso, pode ser difícil para os ocidentais iniciarem a prática de ioga dos sonhos sem alguma preparação. Em segundo lugar, o sonho lúcido – como um produto da cultura ocidental moderna – faz parte da nossa visão de mundo científica familiar e mundialmente compartilhada. Por ter raízes em algo familiar, o sonho lúcido é mais facilmente compreendido e aplicado por aqueles que estão familiarizados com a cultura ocidental. Acredito que o sonho lúcido fornece meios eficazes e acessíveis para explorar os sonhos, é uma boa introdução para todo o campo da prática dos sonhos (que inclui a ioga dos sonhos) e é um complemento perfeito para a ioga dos sonhos. Usando o sonho lúcido como um ponto de partida, podemos integrar as duas abordagens para que a prática dos sonhos seja eficaz.

Sono e sonhos – alguns fundamentos

As pesquisas sobre o sono revelaram quatro níveis ou subestágios de sono que precedem o sonho. São chamados de

NREM 1 a 4 (Nrem significa sem movimento rápidos dos olhos ou *non-rapid eye movement* – em referência ao fato de os olhos fechados estarem ou não se movendo sob as pálpebras). O estágio NREM 1 é a transição entre o estado de vigília e de sono. Aqui nos tornamos progressivamente sonolentos até perdermos a consciência. Este período normalmente curto é caracterizado por movimentos oculares lentos e experiências ocasionais de imagens hipnagógicas – aparências mentais oníricas e vívidas. A primeira ocorrência do sono NREM 2 dura cerca de vinte minutos. Nesta fase estamos realmente dormindo, com pouca atividade mental, desvinculados do ambiente físico. Esta é seguida pelos estágios NREM 3 e NREM 4, caracterizados por um sono mais profundo e apresentando padrões de ondas cerebrais delta, que são lentas, de alta amplitude e regulares. Todas estas são essencialmente fases do sono sem sonhos. A pressão sanguínea cai e o ritmo da respiração diminui. Este é também o sono mais profundo e restaurador[12].

Inicialmente, após trinta a quarenta minutos de sono delta, entramos no sono REM. É aqui que ocorrem os sonhos. A sequência das fases é então: os sonos NREM 1, 2, 3, 4, e REM. Durante o sono REM o corpo fica imobilizado, em uma espécie de paralisia muscular chamada *atonia*. O primeiro período de sono REM é curto – cinco ou dez minutos. O ciclo completo é repetido várias vezes em ciclos de cerca de noventa minutos. A duração proporcional dos períodos de sono REM aumenta ao longo da noite, sendo que o tempo total de sono REM corres-

---

12. Website da National Sleep Foundation (www.sleepfoundation.org), *How Sleep Works* [Acesso em mai./2010].

ponde a 25% de uma noite de sono. (Este perfil regular é extremamente útil como base para uma técnica de estimular a lucidez em sonhos, descrita a seguir). A pessoa habitualmente desperta brevemente quinze vezes ou mais durante a noite, embora estes despertares raramente sejam notados. Estes despertares também podem ser usados para melhorar a prática dos sonhos lúcidos. Além disso, descobriu-se que a noção de transcorrer do tempo dentro dos sonhos lúcidos se aproxima da noção de tempo no estado de vigília. Se tiver a impressão de ter sonhado durante meia hora, isso é o que provavelmente aconteceu.

Consciência de sonho

Nas palavras de Stephen LaBerge, "O sonho pode ser visto como um caso especial de percepção, sem as restrições dos estímulos sensoriais externos. Por outro lado, a percepção pode ser vista como um caso especial de sonho limitada por estímulos sensoriais"[13]. De acordo com essa afirmação, ambos os estados de consciência – a percepção no sonho e no estado de vigília – são muito semelhantes, com sobreposição de redes de mecanismos cerebrais correlatos. E os dois estados podem ser potencialmente tão claros quanto o "desperto". Outro aspecto que faz com que a consciência desperta seja semelhante ao estado de sonho é a noção quase universalmente aceita de que as qualidades percebidas dos objetos estão "lá fora", nos próprios objetos. O vermelho da camisa vermelha de alguém ou o amarelo de um táxi passando são assumidos como uma qualidade inata da camisa ou

---

13. LaBERGE, S. *Lucid Dreaming*: The Power of Being Awake & Aware in Your Dreams. Nova York: Ballantine Books, 1985, p. 14.

do táxi. Essa suposição geralmente prevalece tanto na consciência de vigília quanto no sonho não lúcido. Mas se acreditarmos nisso, estaremos realmente sonhando. Na verdade, a ciência ocidental desde o tempo de Descartes tem negado esta afirmação aparentemente intuitiva. As qualidades dos objetos externos que percebemos não estão contidas nos próprios objetos, mas são tão ilusórias e oníricas quanto às qualidades de um dragão cuspidor de fogo percebidas em um pesadelo. De que forma?

De um modo geral a nossa percepção pode ser "limitada" pelos objetos físicos que percebemos, mas as qualidades percebidas nesses objetos, como cor, brilho, textura, temperatura, odor, sabor, e assim por diante, surgem da interação entre o estímulo sensorial externo, as funções do cérebro e o fluxo de consciência. A noção de que essas qualidades sejam inerentes aos objetos é negada pela ciência. Por exemplo, o sol pode emitir fótons (que podem ser registrados por instrumentos científicos), mas são os nossos órgãos perceptivos e conceituais que experimentam o que chamamos de "luz". A dualidade do claro *versus* o escuro é construída em nós (e outros seres que percebem as coisas desta forma), mas essas qualidades não existem "lá fora" no mundo. O sol, em si, não é "brilhante". Nem é "quente". Ele emite fótons e radiação térmica que percebemos como brilhante e quente. Os campos da Biologia e da Física estabeleceram isto como um fato científico.

Torna-se um pouco mais fácil de aceitar essa ideia incomum quando pensamos nos animais, como determinadas espécies cegas que vivem em alto-mar e em cavernas. Para eles não haveria claro e nem escuro. O mesmo vale para os seres humanos que são cegos de nascença. Eles conhecem o claro (e escuro) apenas a partir do que lhes foi dito por seres humanos que enxergam. Da mesma forma, para os surdos não há som ou o silêncio (embora as ondas de som possam ser sentidas com o corpo). Além disso, outras criaturas percebem fótons, ondas sonoras, e outros dados sensoriais de formas que são, às vezes, radicalmente diferentes da nossa. Basta imaginar a variedade de odores percebidos por cães. Assim, as qualidades dos objetos que percebemos surgem na dependência das nossas mentes e corpos em interação com o meio ambiente. Acreditar no contrário é viver sob o feitiço de uma ilusão – que permeia a nossa consciência tanto na vigília quanto no sonho. Visto desta perspectiva, o efeito do condicionamento em nossas percepções cria uma realidade de sonho. Os seres humanos sonham com realidades humanas, mas os cães podem sonhar com odores, as baleias com músicas subaquáticas.

Quando estamos acordados, experimentamos o mundo de acordo com o nosso condicionamento. Por exemplo, adquirimos algumas das nossas experiências iniciais com a gravidade quando aprendemos a andar. Nós caíamos frequentemente – alguma "força" continuava nos puxando para baixo, e perdíamos o equilíbrio. Toda a noção de equilíbrio quando estamos sentados, em pé, andando e correndo envolve uma interação ativa com a gravidade. Então, a gravidade – seja lá o que for (existem várias hipóteses científicas) – é uma restrição física experimentada com a consciência do estado de vigília. Nós nos tornamos condicionados a isso de maneiras específicas, quando aprendemos a nos mover ainda crianças. Em sonhos, no entanto, é possível escapar da lei da gravidade. As leis da física não se aplicam no reino não físico dos sonhos, onde flutuar e voar pelo espaço não são incomuns. No treinamento do sonho lúcido, uma das primeiras habilidades adquiridas é voar como desejarmos. Assim, como Stephen LaBerge sugere acima, os sonhos são um modo de experiência não limitada pelos estímulos físicos do ambiente.

Talvez seja mais correto dizer que a consciência do sonho não é tão rigidamente condicionada quanto a consciência do estado de vigília. Na verdade, os sonhadores lúcidos, por vezes, precisam treinar para poder voar. A noção de gravidade é tão arraigada que pode atravessar para o estado de sonho. Nesse caso, pode ser que um sonhador lúcido precise aprender a voar em etapas, ganhando a confiança de que no reino dos sonhos não irá cair e se ferir. Porque se ele *acreditar* que a gravidade irá impedir o voo, não poderá voar. Se superar essa crença, estará livre das limitações da gravidade impostas conceitualmente. Portanto, o condicionamento desempenha um papel importante nas qualidades percebidas tanto na consciência de vigília quanto na de sonho. Pelo fato de o sol que percebemos em um sonho ser puramente imaginário, ele não estará a 150.000 mil quilômetros de nós e não emitirá fótons e nem energia térmica. Mesmo assim, podemos perceber um sol brilhante e quente em nossos sonhos. Mas uma vez que não há sol físico em nossos sonhos para limitar a nossa percepção, também podemos optar por experimentar um sol na forma de um cubo, que emite raios de luz fria e verde.

Isso nos leva à essência da consciência tanto da vigília quanto do sonho: ambos são formas de consciência, a mesma consciência por meio da qual *conhecemos* – no mais amplo e mais básico sentido – tudo o que experimentamos. E esta consciência pode ser influenciada – ela é maleável e sujeita ao condicionamento. Os iogues do sonho buscam transcender esse condicionamento para atingir a iluminação – a experiência direta da realidade, que é o objetivo final do budismo e de outras disciplinas contemplativas. Os sonhadores lúcidos procuram usar a maleabilidade da consciência com vários propósitos, incluindo a realização espiritual. Ao explorar a consciência do sonho diretamente – realizando experimentos – ambas as tradições criaram teorias e práticas que cada um de nós poderá confirmar se investir tempo e energia suficientes.

Estratégias para a lucidez

O torpor e a amnésia – que operam lado a lado – são os principais obstáculos à lucidez enquanto dormimos. O torpor nos coloca em um estado de confusão que nos impede de operar a mesma nitidez do estado de vigília. A amnésia nos impede de lembrar que estamos dormindo durante o sonho. Enquanto sonhamos, estamos frequentemente envolvidos em atividades que são inconcebíveis da perspectiva do estado de vigília, assumindo que são reais durante todo o tempo, sem jamais questionar se estamos dormindo ou acordados. A ciência dos sonhos lúcidos desenvolveu uma série de estratégias eficazes para combater este estado de torpor.

O poder da motivação

Não é provável que o praticante possa avançar muito na prática dos sonhos lúcidos, tendo uma atitude casual. A eficácia de muitas das práticas do sonho lúcido é resultado de uma motivação proativa e positiva, baseada em um intenso interesse e desejo de alcançar e desenvolver o sonho lúcido. Esta abordagem é igualmente encontrada na ioga dos sonhos. Os principiantes na prática da ioga dos sonhos são encorajados a se prepararem repetindo firmes resoluções, tais como: "Hoje eu definitivamente reconhecerei o estado de sonho!", em voz alta antes de dormir. A prática dos sonhos lúcidos utiliza algumas estratégias como essa, tanto durante o dia quanto na hora de dormir, para aumentar as chances do sonho lúcido. Estas se baseiam em lembretes comuns como os que usamos para despertar em um determinado horário. Quando necessário, muitos de nós somos capazes de despertar em um horário predeterminado pela manhã, sem o uso do despertador. Se, por exemplo, quando estamos viajando, nos esquecemos de levar despertador e precisamos pegar um voo cedo pela manhã, podemos despertar pelo poder de um forte sugestionamento: "Eu tenho que acordar às 6h00!" O mesmo mecanismo interno permite que as mães despertem espontaneamente em uma hora específica no início da manhã para alimentar seus bebês. É o que precisa ser feito, e pronto.

Outra forma útil para nos prepararmos para o sonho lúcido é antecipá-los enquanto estamos acordados. Em intervalos ao longo do dia, imaginamos que nos tornamos lúcidos durante um sonho. Podemos imaginar nos tornando lúcidos em um sonho recente, talvez provocado por algo estranho ou impossível que tenha ocorrido no sonho. Este tipo de antecipação é especialmente eficaz se for feita quando estivermos adormecendo.

Estes são exemplos de *memória prospectiva*: preparar para se recordar em um momento futuro de uma sugestão feita anteriormente. No sonho lúcido, esta técnica pode ser consideravelmente melhorada com o uso de *sinais de sonho*, derivados de um *diário de sonhos*. Manter um diário com descrições detalhadas de seus sonhos serve a vários propósitos. Primeiramente, para ter algo a escrever em seu diário, você deve ser capaz de se lembrar de seus sonhos. Foi demonstrado que a recordação nítida do sonho é um fator crucial no desenvolvimento do sonho lúcido. O estudo dos sonhos lúcidos desenvolveu várias técnicas para melhorar a memória relacionada aos sonhos. Aprendemos nos primeiros estágios do treinamento dos sonhos lúcidos que tendemos a esquecer facilmente os nossos sonhos; assim, aprender a ficar quieto ao acordar, e lançar imediatamente a atenção de volta ao sonho do qual despertamos, nos permitirá registrar seus detalhes. Em segundo lugar, o uso da memória prospectiva para podermos nos lembrar de permanecer quietos, voltar a atenção e recordar dos sonhos é por si só uma introdução a uma técnica mais avançada, que pode ser aplicada tanto para levar à lucidez como para treinar dentro do estado de sonho lúcido.

Esta forma mais avançada de memória prospectiva requer que você identifique os seus sinais pessoais de sonho. Estes são objetos, personagens, situações e comportamentos característicos que aparecem em seus sonhos. Uma vez que tenha sido reunido material suficiente em seu diário de sonhos, é feita uma análise para descobrir as coisas que se repetem com frequência e para categorizar esses fenômenos. Você, então, familiariza-se com eles e os transforma em alvos da memória prospectiva. Suponhamos que um de seus sinais de sonho seja, por exemplo, o aparecimento repetido de um coelho branco; você treina com o lembrete: "A próxima vez que eu vir um coelho branco, irei me perguntar se estou ou não sonhando".

Esta estratégia pode ser ainda mais refinada, acrescentando uma *verificação de estado* para o reconhecimento de um sinal de sonho. Há uma série de atividades que você pode realizar para verificar o seu estado, para determinar se você está sonhando ou se está acordado. Como mencionado anteriormente, muitas vezes nos sonhos é possível flutuar ou voar. Também acontece em sonhos de textos impressos e numerais de relógios digitais mudarem quando você olha uma vez, desvia o olhar e em seguida, volta a olhar. Se em um sonho você ler algo que diz "mãe", desviar o olhar e depois voltar a ler, muito provavelmente lerá alguma outra palavra, talvez "mas" ou "mal", ou algo completamente diferente. Outra diferença entre o sonho e o estado de vigília, como mencionado anteriormente, é a gravidade. Em um sonho, se você der um salto para cima, você provavelmente descerá a uma velocidade menor do que no estado de vigília. Usando o exemplo acima, então você treinaria afirmando: "A próxima vez que eu vir um coelho branco eu vou dar um salto. Se eu flutuar ou descer mais devagar do que de costume, saberei que estou sonhando e ficarei lúcido". Ao final, você fará exatamente isso. Quando tiver reunido no seu diário uma série de sinais pessoais de sonho, identificados por terem aparecido repetidas vezes, você terá uma ferramenta muito útil para despertar dentro de seus sonhos. Stephen LaBerge, que desenvolveu esta abordagem, chama essa ferramenta de *MILD – Mnemonic Induction of Lucid Dreams* (Indução Mnemônica de Sonhos Lúcidos). O sinal de sonho é um dispositivo mnemônico que provoca uma resposta específica por meio da memória prospectiva.

À medida que adquirir experiência em se lembrar de seus sonhos, você começará a notar coisas estranhas ou *anomalias* – coisas que são tão bizarras que seria surpreendente se você não desconfiasse de que está sonhando, acreditando que seus sonhos são reais. Anomalias, incluindo elefantes voando rumo a um pôr do sol verde, o aparecimento de parentes falecidos e pesadelos com criaturas fantásticas, ocorrem nos sonhos da maioria das pessoas, pelo menos de vez em quando, mas o nosso estado de sonho normal, dominado pelo torpor e pela amnésia, nos impede de questioná-los. Em outras palavras, algo está faltando aqui – nos falta uma *atitude de reflexão crítica*. Durante a experiência de vigília normal, mantemos um certo grau de ceticismo, adquirido a partir da nossa experiência de vida. Todos nós desenvolvemos a nossa própria concepção do que é possível na vida. Se um vendedor nos oferecer um carro novo por vinte reais ou se virmos um elefante voando, a maioria de nós imediatamente se torna cético, ou até mesmo um pouco preocupado com a nossa sanidade. Tais fenômenos seriam considerados muito estranhos – o tipo de coisa que só acontece na imaginação ou em sonhos.

O efeito cumulativo das estratégias descritas acima é despertar a nossa atitude de reflexão crítica, para nos tornarmos sensíveis às anomalias que frequentemente experimentamos quando estamos sonhando, e que poderiam levar à lucidez. Outra estratégia de treinamento que intensifica essa atitude é fazer verificações de estado periódicas durante o período de vigília. Pode-se simplesmente adquirir o hábito de perguntar a si mesmo "Eu estou sonhando ou não?", dez ou quinze vezes por dia. Ou pode-se cultivar o hábito de fazer essa pergunta em situações específicas, como cada vez que passar por uma porta ou quando algo bizarro ou incomum ocorrer. Cada vez que a pergunta é feita pode-se fazer uma verificação de estado, como saltar para cima para ver se está realmente sonhando. Treinar desta forma com consistência acabará por criar um hábito que irá penetrar em seus sonhos. Se cada vez que atravessar uma porta você perguntar: "Será que estou sonhando?" ao final, quando atravessar uma porta em um sonho você irá, por força do hábito, fazer a mesma pergunta, realizar uma verificação de estado e, assim, tornar-se lúcido, "Ei! Eu *estou* sonhando!"

A forma mais comum de se tornar lúcido durante o sonho é ter uma experiência espetacularmente estranha, que nos assusta e nos leva à lucidez. Por esta razão, sonhos desagradáveis tais como pesadelos, servem comumente de gatilho. LaBerge chama esses sonhos *DILDS – Dream-Initiated Lucid Dreams* (Sonhos Lúcidos Iniciados no Sonho). Uma variação disto é usar um despertador para acordar periodicamente durante a noite. Se o alarme despertá-lo de um sonho, e se você treinou para lembrar de seus sonhos ao acordar (permanecendo imóvel e refletindo sobre os conteúdos dos sonhos), você pode ser capaz de retornar ao sonho de forma consciente e continuar a sonhar lucidamente. As chances de conseguir fazer isto são particularmente boas durante as duas últimas horas de sono – horário nobre para o sonho lúcido. Se tiver tempo, digamos, no final de semana, você pode ampliar essa possibilidade dormindo uma ou duas horas a mais. Você também pode deliberadamente despertar próximo ao final do ciclo de sono e ler (especialmente algo relacionado com sonho lúcido) por meia hora. Você, então, estabelece a resolução de sonhar lucidamente e volta a dormir. Stepehen LaBerge calculou que essa estratégia aumenta suas chances de ter sonhos lúcidos em 20 vezes. A abordagem de despertar e depois voltar ao sono é chamada *WILD – Wake-Initiated Lucid Dreams* (Sonho Lúcido Iniciado na Vigília).

Outra versão da abordagem *WILD* é seguir as imagens hipnagógicas que muitas vezes surgem ao adormecer. Estas imagens vão desde cenas oníricas parciais até padrões geométricos bem-elaborados. São muito sutis e requerem relaxamento e sensibilidade para serem percebidas, mas se você conseguir manter gentilmente a atenção a elas ao percebê-las, poderá adormecer de forma consciente e experimentar os sonhos e o sono não REM lucidamente.

Como treinar no sonho

É uma experiência emocionante ter seu primeiro sonho lúcido, especialmente se for intencional. Na verdade, é tão excitante, bizarro, inesperado e energizante que você geralmente acorda depois de apenas alguns segundos de sonho lúcido. Então, o próximo passo é desenvolver uma certa estabilidade, aumentar o seu "tempo de voo". Um fator que ajuda e que não pode ser esquecido é a sua capacidade de dormir regularmente. Se você não puder ter uma boa noite de sono, o desenvolvimento da estabilidade no sonho lúcido é impossível. No próximo capítulo vou oferecer sugestões e exercícios que ajudarão você a adormecer com mais facilidade e estender seu tempo de sono.

Técnicas como as descritas acima, se praticadas de forma diligente, acabarão por permitir que você tenha sonhos lúcidos com mais frequência. Em seguida, para estender ou estabilizar os sonhos lúcidos você precisará (1) sustentar o sonho (não acordar ou cair no sono sem sonhos) e (2) manter a lucidez (não entrar no sonho comum não lúcido). Quando for capaz de manter um sonho lúcido por mais de alguns segundos, você poderá observar que o cenário do sonho começa a se desfazer. As imagens perdem a nitidez e a coerência. Há uma série de técnicas que você pode aplicar por meio do seu "corpo de sonho" para estimular seus sentidos e reavivar a integridade do conteúdo do sonho. As técnicas derivadas da meditação para criar vivacidade da consciência também podem ser aplicadas aos seus sonhos, para melhorar a intensidade. Essas práticas serão introduzidas mais adiante.

As técnicas utilizadas para a reconstituição dos sonhos são baseadas na teoria de que a concorrência entre os dados dos sentidos provenientes do estado de vigília e do sono sem sonhos é responsável pela deterioração dos sonhos lúcidos. Seguindo essa lógica, foram desenvolvidas práticas que permitem concentrar sua atenção sobre os fenômenos do sonho, diminuindo assim a interferência externa e permitindo que o sonho seja reconstituído. Elevando gradualmente a vivacidade relativa do cenário de sonho, o poder de interferência é relativamente reduzido. Da mesma forma, existem técnicas para manter a lucidez, que vão desde simples lembretes ("Isto é um sonho") até a criação de enredos que ampliarão tanto o sonho como a sua lucidez dentro dele.

Como aproveitar os sonhos

Depois de ter estabelecido uma certa estabilidade no sonho lúcido, é hora de fazer uso desta nova habilidade. Cada pessoa, é claro, terá seus próprios objetivos e interesses. Por exemplo, lembro-me de uma sonhadora lúcida extremamente habilidosa, que na vida de vigília estava confinada a uma cadeira de rodas. O sonho lúcido foi a sua oportunidade para escapar dessa situação e de se movimentar de formas ainda mais variadas e gratificantes do que as atividades normais de pessoas livres de incapacidades físicas. Ela não só era capaz de ter sonhos lúcidos à vontade, e claro, voar para qualquer lugar que pudesse imaginar, como também podia transformar seu corpo de sonho em qualquer objeto que escolhesse. Este é um exemplo de como os sonhos lúcidos podem ajudar a compensar as limitações físicas.

Em sonhos lúcidos, aqueles atraídos por esportes radicais podem ir muito além de qualquer coisa possível na vida comum. Pode-se também treinar habilidades físicas em sonhos lúcidos. Isso se compara ao tipo de treinamento mental que os atletas empregam usando a imaginação visual para exercitar movimentos físicos. Sabe-se que músicos concertistas treinam sem seus instrumentos (por exemplo, em viagens de avião), tocando pianos ou violinos invisíveis, imaginando ou ouvindo mentalmente a música que estão praticando. Todas essas técnicas podem ser aplicadas com ainda mais vantagens nos sonhos lúcidos, porque você pode criar os ambientes virtuais perfeitos para o treinamento. Se você sempre quis tocar um Stradivarius, você pode ter um!

Você também pode criar e programar fantasias e aventuras em sonhos lúcidos. Qualquer coisa que você vê na televisão, no cinema, em um *videogame*, ou lê em um livro pode ser feito no reino criativo do sonho lúcido. Você pode ser o ator principal do drama criado por você mesmo – ou ser todos os atores. Você pode ir para frente ou para trás no tempo, como se estivesse assistindo a um DVD. A imaginação é o único limite para a sua diversão.

Pessoalmente, eu prefiro ver o sonho lúcido como um laboratório para explorar a mente. Sob o ponto de vista da psicologia ocidental, por exemplo, o sonho lúcido pode permitir que você explore seus medos, suas neuroses, os obstáculos psicológicos, e assim por diante. Se você está tendo dificuldade em conviver com seu chefe, um colega de trabalho, ou qualquer outra pessoa, você pode criar essa pessoa nos seus sonhos e ensaiar suas interações. Até mesmo questões malresolvidas com um parente falecido podem ser tratadas em um sonho lúcido, porque no espaço do sonho você pode trazer essa pessoa de volta à vida (conforme a imagina ou se lembra dela). No processo dessas explorações você pode aprender novas coisas sobre si mesmo. Um medo de altura pode ser trabalhado recriando situações ameaçadoras em sonhos lúcidos. Você pode praticar andando sobre pontes altas, experimentando a sensação de altura, estando ao mesmo tempo consciente de que é tudo um sonho. Você pode saltar da ponte, se quiser, e flutuar até chegar à "terra". As possibilidades terapêuticas desse jogo de interpretações são infinitas.

Na prática dos sonhos existem técnicas pelas quais você pode executar uma variedade de transformações que desafiam e ampliam os limites de sua identidade. Quais são os limites do ego que nós rotulamos de "eu"? Qual seria a sensação de ir além deles? Esta é, essencialmente, uma questão espiritual. Em muitas tradições religiosas contemplativas, ir além do dualismo de "eu" e "outro" é um grande objetivo. Este é um dos principais temas da ioga dos sonhos, que iremos explorar mais à frente. No capítulo 8, examinaremos essas e outras atividades em mais detalhes.

Resumo das técnicas de sonho lúcido:
• O poder da **motivação** (fazer afirmações positivas como, "Esta noite vou definitivamente reconhecer que estou sonhando!").

- **Memória prospectiva** (planejar o futuro e imaginar um resultado; por exemplo, durante o dia, imagine se tornar lúcido em um sonho).
- Notar **sinais de sonho** e escrevê-los em um **diário de sonhos**.
- Executar **verificações de estado** (tentar voar; olhar para um material escrito, desviar e olhar de novo).
- Perceber **anomalias** ("*Isso* é ou não é estranho?").
- Desenvolver uma **atitude de reflexão crítica** ("*Isto* é possível?").
- Seguir imagens hipnagógicas.
- **MILD** – Indução Mnemônica de Sonhos Lúcidos (*Mnemonic Induction of Lucid Dreams*) – realizar uma verificação de estado quando você identificar um sinal de sonho.
- **DILD** – Sonho Lúcido Iniciado no Sonho (*Dream-Initiated Lucid Dreams*) – acordar deliberadamente no meio da noite e retornar a um sonho em curso lucidamente.
- **WILD** – Sonho Lúcido Iniciado na Vigília (*Wake-Initiated Lucid Dream*) – acordar no meio da noite, ler, e em seguida entrar novamente no sono lucidamente.
- **Reconstituir sonhos se desfazendo** (girar seu corpo de sonho, massagear-se).
- **Sustentar a lucidez que está se perdendo** (lembrar-se: "Isto é um sonho", criar enredos).
- Usar as **últimas horas** efetivamente (as duas últimas horas de sono são as melhores para o sonho lúcido; melhor ainda, se nos finais de semana você puder dormir algumas horas a mais).

3
A prática dos sonhos lúcidos

Sem sono não há sonhos

Não é surpresa o fato de que muitos de nós não conseguimos dormir tão bem quanto gostaríamos ou o tanto que precisaríamos. Quer você viva em Nova York ou em Pequim, o estresse e as longas horas de trabalho, que caracterizam o estilo de vida moderno, interferem no padrão de sono natural. Estatísticas de 2008 mostram que cinquenta a setenta milhões de americanos apresentam distúrbios crônicos relacionados a sono e vigília, sendo que vinte e nove milhões de adultos norte-americanos relatam dormir menos de sete horas por noite[14]. Muitos de nós temos que acordar cedo, enfrentando a correria da manhã para chegar ao trabalho que, muitas vezes é também, por si só, uma correria. Somos bombardeados por notícias preocupantes sobre política, economia e saúde. As transformações sociais muitas vezes afetam os nossos relacionamentos com amigos, familiares e parceiros. Parecemos ser atormentados por todos os lados. Paradoxalmente, para lidar com todo esse estresse, o que os médicos receitam é simplesmente uma boa noite de sono. Outro excelente remédio para lidar com as vicissitudes da vida é a meditação shamatha. Praticar esta técnica na hora de dormir irá ajudá-lo a

---

[14] National Sleep Foundation.

ter uma noite de sono mais longa e mais saudável, e irá também prepará-lo para o sonho lúcido.

A prática de shamatha para melhorar o sono

Esta prática tem duas partes: *estabelecer o corpo em seu estado natural* e *estabelecer a respiração no seu ritmo natural* (ambos descritos anteriormente). Na hora de dormir, deite-se de costas – na **posição supina** – com o corpo reto, com a cabeça apoiada no travesseiro, e com os braços ao lado do corpo. Permita que a sua consciência repouse em um modo puramente testemunhal, quieta e atenta, simplesmente observando as sensações táteis que surgem em todo o corpo. Se identificar áreas tensas ou contraídas, respire nessas regiões, e, conforme soltar o ar, deixe-o levar embora qualquer tensão. Entregue os seus músculos à gravidade – deixe-os derreter, relaxar. Traga a consciência para o rosto, os músculos ao redor da boca e do queixo, e relaxe-os. Observe os músculos da mandíbula e solte-os. Leve sua atenção para a testa. Permita que haja uma sensação de abertura e de espaço nessa região. Procure abrir a área entre as sobrancelhas, solte os olhos e deixe que todo o rosto repouse com uma expressão tão suave e relaxada como a de um bebê dormindo, sem se preocupar com nada.

Desta forma, **estabeleça o corpo em seu estado natural**, imbuído das três qualidades de relaxamento, quietude e vigilância. Finalize esta preparação inicial do corpo, tomando três respirações longas, profundas e revigorantes. Respire no abdômen e expanda a seguir o diafragma e o tórax. Quando seus pulmões estiverem quase cheios, solte a respiração e deixe-a fluir sem esforço. Estabelecer o corpo desta maneira já é um bom facilitador para uma boa noite de sono – mas podemos fazer mais.

Agora que seu corpo está relaxado, à vontade, com todo o conforto, não será difícil permanecer completamente imóvel para que possa focar a continuidade de sua atenção na respiração. Na posição supina, o abdômen, o diafragma e o tórax podem se mover facilmente conforme você respira. Agora **estabeleça a respiração em seu ritmo natural**, seja ele qual for neste momento, sem nenhuma ideia preconcebida de como esse ritmo deveria ser. Deixe a respiração fluir com o menor esforço e o menor impedimento possíveis. As inspirações e as expirações podem ser longas ou curtas e pode haver pausas de vez em quando. Observe as sensações da respiração atentamente, mas de maneira passiva; abandone todas as preferências. Deixe o corpo respirar espontaneamente.

Permita que as contrações do corpo se desfaçam a cada expiração, e, como uma brisa que sopra afastando folhas secas, simplesmente **libere todos os pensamentos involuntários, imagens mentais, ou atividades da mente**. Solte-os, expire com um suspiro de alívio, como se dissesse: "Eu não tenho que pensar o tempo todo; às vezes está bem ficar quieto", e apenas esteja presente, conscientemente atento às sensações táteis que surgem em todo o corpo, especialmente aquelas relacionadas à respiração. Este é um momento de quietude, em lugar da estimulação – um tempo para simplesmente estar presente ao invés de ativo ou reativo. A cada expiração, relaxe profundamente o corpo e a mente. Continue liberando o ar e relaxando durante toda a expiração, até que a inspiração flua sem esforço e espontaneamente, como uma onda varrendo suavemente a praia.

Quando se sentir sonolento, vire-se para a sua posição usual de dormir, e permita-se cair no sono.

Resumo da prática:
- Postura: supino (deitado de costas, braços levemente afastados do corpo).
- Corpo estabelecido em seu estado natural.
- Respiração estabelecida em seu ritmo natural.
- Atividade mental liberada junto com o ar.
- Intenção: relaxar toda a tensão e acalmar as atividades física e mental como preparação para uma boa noite de sono.

Como começar a prática dos sonhos lúcidos

O primeiro passo para o sonho lúcido é gerar interesse pelos seus sonhos. Se você não tem essa curiosidade natural a respeito do seu sono e do seu sonho, pense sobre isto: se você viver até a idade de noventa anos, cerca de trinta anos – um terço de toda a sua vida – se passarão enquanto você dorme. Todos esses anos serão gastos em um estado semiconsciente ou inconsciente. É quase como passar um terço da sua vida em coma. É muito tempo. Claro que todos nós precisamos dormir. Mas e se você pudesse usar um pouco desse tempo para fazer diversas atividades interessantes, significativas e gratificantes, sem se privar do resto que você precisa? Se você pudesse aprender a ter sonhos lúcidos e a aplicar essa habilidade a alguns de seus principais interesses – projetos criativos, melhora das suas habilidades, exploração espiritual e psicológica, diversão e aventura – seria como adicionar vários anos muito significativos ao seu tempo de vida.

Portanto, esta noite, quando estiver adormecendo, desenvolva a forte resolução de se interessar por seus sonhos. Faça isso com entusiasmo e dedicação: "Esta noite irei prestar atenção aos meus sonhos!" Afirme isso várias vezes. Há grandes chances de que você passe por cinco a sete ciclos de sonho, e então haverá bastante material para dedicar sua atenção. "E quando eu acordar, seja durante a noite ou pela manhã, farei algo fora do comum: permanecerei imóvel, desde o momento em que eu começar a acordar. E tendo conseguido isso por meio da memória prospectiva – lembrando agora na hora de dormir de fazer alguma coisa (permanecer imóvel) no futuro – irei então praticar a memória retrospectiva. Lançarei meu olhar mental de volta ao sonho do qual despertei ou para qualquer sonho do qual possa me recordar. Tentarei retroceder quadro a quadro, tanto quanto possível, para capturar a maior parte possível desse sonho".

Por que permanecer imóvel? Nossa memória dos sonhos, especialmente quando começamos a prática dos sonhos, é fugaz. Quando começamos a despertar, imediatamente nos engajamos a um novo ambiente, com toda a sua informação sensorial. Um sonho que parecia fascinante há apenas alguns segundos pode desaparecer instantaneamente. No entanto, se permanecermos imóveis e mantivermos os olhos fechados, estaremos a meio caminho da terra dos sonhos. A atmosfera do nosso sonho ainda persistirá, e isso nos dará a chance de recuperarmos pelo menos uma parte da história. Portanto, você deve permanecer imóvel desde o instante em que começar a emergir do sono. Se você se lembrar desta tarefa poucos segundos depois de ter despertado, já será tarde demais. Pode ser que possa recuperar algo dos seus sonhos, mas quanto mais demorar, mais as suas chances diminuirão. Ao tentarmos lembrar dos sonhos também é importante manter a mente relaxada. Se ficarmos tensos ou agitados por grandes expectativas, os pensamentos poderão interferir com as imagens das quais estamos tentando recordar.

Se você não conseguir avançar muito na tarefa de lembrar de um sonho, há perguntas que podem refrescar sua memória. Se puder se lembrar do finalzinho de um sonho, você pode se perguntar: "Onde eu estava, e o que estava acontecendo antes disso? Como é que eu cheguei lá? Por que eu estava lá? O que eu queria? De que eu estava fugindo? O que eu estava perseguindo?" Adquira o hábito de se fazer essas perguntas quando não conseguir avançar. Mas lembrar-se até mesmo um pedaço de seu sonho já seria muito bom para sua primeira noite de prática. Se for capaz de permanecer imóvel ao acordar e de se lembrar de por que fez isso, terá aberto as portas para o uso da memória prospectiva no sonho lúcido. Você marcou um encontro com você mesmo para fazer alguma coisa no futuro, e conseguiu. Este é um importante passo.

Quando puder recuperar ainda que seja um único fragmento de qualquer sonho que teve durante a noite, escreva em seu diário de sonhos. À medida que continuarmos o treinamento desta forma, nossa memória para os sonhos irá melhorar. No início, poderá funcionar da seguinte forma: "Muito bem, eu estou começando a acordar e vou permanecer imóvel, essa é a primeira tarefa. Agora, qual é a segunda? Ah sim, tentar lembrar o que eu estava sonhando. Qual foi o meu último pensamento, a última imagem – a minha última experiência? Talvez tenha sido uma imagem de sonho, uma experiência de sonho". E assim continue se lançando de volta ao sonho, pescando material. Se algo não vier imediatamente, continue tentando. Assim, por fim, funcionará. "Será que consigo me lembrar de *alguma coisa* desde que adormeci na noite passada? Alguma imagem? Alguma história? Emoções? Qualquer coisa?" Se puder recuperar o final de um sonho, concentre-se nele, pensando, por exemplo: "Certo, isso foi um sonho. Eu estava em Los Angeles. Como é que eu cheguei lá? De avião? De onde eu estava vindo? Agora me lembro, estava vindo de Denver". Talvez consiga lembrar apenas desses dois quadros, ou talvez seja capaz de desenrolar todo o sonho. Mas com o tempo, preparando-se desta forma, sua memória para os sonhos irá melhorar e você será capaz de se lembrar de muitos sonhos em uma única noite, em sua totalidade, e em grande detalhe, sem a necessidade de recorrer às perguntas.

Uma atitude positiva

Pode ser que você seja capaz de permanecer imóvel ao acordar e de se lembrar de algum sonho em sua primeira tentativa. Se assim for, ótimo! Mas também pode levar alguns dias para que isso ocorra. Não importa quanto tempo leve – e este conselho vale para qualquer uma das etapas da prática dos sonhos – *mantenha uma atitude positiva*. Aprender a ter sonhos lúcidos não requer nenhum talento especial. Mas é uma habilidade incomum baseada em estabelecer hábitos que podem não fazer parte do seu estilo de vida. Ao invés de se tornar negativo, se punindo ("Eu não sou bom nisso!"), diga a si mesmo: "Eu não fui capaz de fazer isto neste momento, mas no futuro será possível. Eu vou conseguir". Tenha em mente também que ter prazer com os pequenos sucessos é uma estratégia muito mais eficaz do que se decepcionar com as grandes derrotas criadas por expectativas pouco realistas.

Foi mostrado no capítulo anterior que existem muitas etapas no caminho para desenvolver a expertise em sonho lúcido. Naturalmente, você irá passar por períodos em que o percurso é fácil e em outros momentos em que é mais difícil. Sempre que sentir que está conseguindo avançar na prática, leve este conselho a sério e mantenha uma atitude positiva e paciente. Os dados científicos de pesquisas sobre o sonho lúcido demonstram de forma conclusiva que estes métodos funcionam. Mas o sonho lúcido é mais uma arte do que uma habilidade simples, como aprender a digitar. Os sonhadores são diferentes uns dos outros, e portanto os caminhos para aprender a ter sonhos lúcidos podem variar um pouco.

O diário de sonhos

Em pouco tempo você será capaz de lembrar trechos mais longos de vários sonhos, ou até mesmo de sonhos completos. Desde o início deste processo, mantenha um caderno perto de sua cama e, assim que você se lembrar da maior quantidade de material de sonho possível, em uma noite ou em um determinado período da noite, anote com o máximo de detalhes possível. Eu conheci pessoas que no início não se lembravam de nada e acabaram se lembrando de quatro ou cinco sonhos por noite. Alguns participantes de retiros de três meses que eu conduzi passavam de quarenta e cinco minutos a uma hora, todas as manhãs, escrevendo todo o material de sonho da noite anterior. No momento em que você ficar realmente bom nisso, talvez em um mês ou dois, você poderá parar de anotar. E então será capaz de lembrar de seus sonhos com muita facilidade. O material escrito que você acumulou será empregado na próxima etapa, para identificar seus sinais de sonho.

Um sinal de sonho é algo que se repete em seus sonhos. Portanto, o surgimento de um desses fenômenos recorrentes é uma pista que revela que nesse momento você está sonhando. As características dos sinais de sonho diferem de pessoa para pessoa. Aqui estão algumas categorias comuns: (1) Um sinal de sonho pode ser uma pessoa que reaparece, sonho após sonho. (2) Pode ser um cenário que se repete – uma conversa ou uma discussão. (3) Pode ser uma situação ou ambiente específico. No mesmo ambiente, você pode fazer coisas diferentes. (4) Pode ser uma emoção, como uma inclinação emocional particular que você demonstra em dada situação. (5) Anomalias ou coisas estranhas são um tipo de sinal de sonho. (Se você estivesse sentado em casa e um guaxinim entra em sua sala de estar, dá três voltas em sua cadeira, e, em seguida, sai caminhando – isto é possível, mas *muito* improvável. Esta pode ser uma anomalia, indicando que você está sonhando.) (6) Coisas impossíveis são sinais de sonho com ponto de exclamação. (Um guaxinim voar pra dentro do seu quarto, cantar uma ária de uma ópera italiana e, em seguida, sair voando seria impossível – a menos que você esteja sonhando.)

No meu caso, uma história que se repete é estar em viagem, em um aeroporto ou em uma rodoviária, e ficar preocupado por ter perdido ou esquecido alguma coisa. Isso, sem dúvida deriva de eu ter sido um ávido viajante desde jovem. Por essa razão, na minha juventude eu ficava frequentemente aflito pensando que poderia ter perdido meu passaporte, esquecido de tirar um visto, esquecido uma das minhas malas, ou perdido minha conexão. Como estas situações se repetem em meus sonhos, elas podem ser classificadas como sinais de sonho. Quando eu sentir essa ansiedade de viajante, no meu caso, há uma boa chance de eu estar sonhando. Esta é uma emoção que se repete, associada a uma situação específica. Outro exemplo semelhante que eu conheço é de um músico que sonha repetidamente que está realizando um concerto solo diante de uma plateia lotada. Ele está tocando muito bem até descobrir que está tocando o instrumento errado – um instrumento que ele nunca aprendeu a tocar. Nesse momento, ele fica dominado por medo, tenta continuar tocando e, finalmente, por constrangimento, não consegue mais continuar. Note que os sinais de sonho podem mudar ao longo do tempo. Um sinal que era bem comum há seis meses pode parar de surgir e ser substituído por um novo.

Quando tiver reunido material suficiente em seu diário de sonhos – a descrição de pelo menos vinte sonhos – você pode fazer uma análise para determinar seus sinais de sonho. Pode ser que já tenha notado alguns – ocorrências que são *estranhas* em algum grau ou *recorrentes*. Procure curiosidades sobre a *identidade*: Quem você era no sonho? Se você era algo ou alguém diferente de si mesmo, isso é certamente estranho. Da mesma forma, se a sua idade era diferente – se no sonho você era significativamente mais jovem ou mais velho do que é atualmente. A sua identidade foi se modificando durante o sonho? Você foi se transformando, de ser humano em gato, ou em carro? E quanto a *atividades* estranhas? Você estava voando, atravessando paredes, andando sobre a água? E quanto a *ambientes* estranhos e recorrentes? Você costuma estar no mesmo cenário onírico? Os ambientes são estranhos – plantas azuis, céu roxo, nuvens vermelhas, dois sóis? Ou os ambientes que você visita com frequência nos sonhos podem ser perfeitamente normais, como o seu local de trabalho, sua cidade natal, ou um restaurante próximo. Se algum local aparecer repetidamente em seu diário de sonhos, você pode procurá-lo em seus sonhos.

As *pessoas e os objetos* em seus sonhos podem ser sinais. Você tem conversado com extraterrestres – ou com o seu cão (que responde de volta)? Algumas das pessoas em seus sonhos são parentes falecidos ou pessoas famosas? Você toma café com Frank Sinatra ou com John F. Kennedy? Por fim, há emoções que se repetem, como a minha ansiedade nas viagens, desde muito tempo. Certas situações podem provocar medo, desejo ou descrença de uma maneira incomum ou diferente de suas respostas emocionais normais durante a vigília. Claro que existem outras categorias possíveis, mas estas servirão para você começar.

Como desenvolver uma atitude reflexiva crítica

O motivo para se familiarizar com seus sinais de sonho é ser capaz de acionar a lucidez dentro de seus sonhos. Ao registrar um número suficiente de sonhos em seu diário e extrair uma lista de seus sinais de sonho, você termina obtendo um retrato útil e bastante interessante da sua vida de sonho. A importância disto – com relação à prática dos sonhos – não é analisar seus sonhos, a fim de descobrir padrões psicológicos, como é feito na psicanálise tradicional ou no trabalho junguiano. Embora seja possível obter muitas novas informações sobre o seu psiquismo no processo de registro de seus sonhos, o aprendizado nesta tradição resulta das atividades e dos *insights* do próprio sonho lúcido. Por exemplo, por meio da psicanálise, você pode descobrir que tem um medo oculto de algum objeto, pessoa ou situação, e pode descobrir sua origem em um trauma de infância, por exemplo. No sonho lúcido você pode não apenas descobrir um medo oculto, mas também ser capaz de enfrentar esse medo lucidamente em seus sonhos – repetidamente – e superá-lo. Você pode, por exemplo, perdoar e ser perdoado, colocando-se em uma réplica da situação original, que traumatizou você ou causou constrangimento. Ao revisitá-la, você pode aceitar e integrar uma situação que ocorreu anos atrás, mas que ainda o estava incomodando.

Após se familiarizar com alguns de seus sinais de sonho recorrentes, o próximo passo para acionar a lucidez em seus sonhos é treinar novamente a memória prospectiva – lembrar de fazer algo na próxima vez que você encontrar um sinal de sonho. Esse algo será uma *verificação de estado*. Se um de seus sinais de sonho é ver um elefante cor-de-rosa, você dirá a si mesmo: "A próxima vez que eu encontrar um elefante cor-de-rosa, irei dar um salto para cima. Se eu descer lentamente ou voar, estará provado que estou sonhando e me tornarei lúcido". Como vimos anteriormente, essas exceções à lei da gravidade são verificações de estado bastante eficazes. A menos que você seja um astronauta em uma missão, você só será capaz de fazer isso se estiver sonhando. Portanto, familiarize-se intimamente com os seus atuais sinais de sonhos e determine-se a executar uma verificação de estado quando um desses sinais aparecer.

Esta tática por si só pode ser desencadear a lucidez com uma frequência suficiente para que você se torne proficiente em sonho lúcido. Mas para a maioria de nós é preciso um pouco mais para romper o torpor e a amnésia que nos impedem de questionarmos a natureza da realidade que estamos vivenciando. O fato de a ocorrência natural de sonhos lúcidos ser rara demonstra que a névoa é muito espessa. Precisamos criar hábitos fortes que favoreçam a lucidez para combater a nossa tendência à sonolência e à credulidade há tempos estabelecidas. Por essa razão, cultive o hábito de fazer verificações de estado durante o dia. Ao fazer isso, nós treinamos, reforçamos e aperfeiçoamos as nossas habilidades de memória prospectiva. Este é um método diurno similar ao uso de sinais de sonho à noite.

Verificações de estado durante a vigília

Para desenvolver a memória prospectiva, faça uma lista de vinte e cinco a trinta atividades típicas que você executa diariamente. Esta lista pode incluir ações simples como passar por uma porta, girar a maçaneta da porta, observar um pássaro ou animal, notar um carro ou uma casa de uma cor particular, ouvir música, olhar a si mesmo no espelho e amarrar os sapatos. Procure fazer com que a sua lista cubra atividades que envolvam todos os seus sentidos. Em seguida, escolha quatro ou cinco para cada dia da semana, de forma aleatória. No início de cada dia, memorize as atividades previstas para aquele dia e, na primeira vez que executar essa atividade, você deverá notar imediatamente e, em seguida, executar uma verificação de estado. Por exemplo, se sua atividade for observar a primeira vez que passar uma porta, e sua verificação de estado for saltar para cima, isso é o que deverá fazer. Como uma pequena variação, quando notar que está executando uma de suas atividades específicas, você pode primeiramente se perguntar: "Será que estou sonhando ou não?" E, em seguida, saltar.

Além de saltar, existem outras verificações de estado confiáveis para determinar se você está sonhando ou não. As pesquisas mostraram que, se você ler alguma coisa uma vez, desviar o olhar e, em seguida, ler o mesmo material, as chances de as palavras modificarem são de 85%, se estiver sonhando. O mesmo é verdade para relógios digitais. Se você olhar para um relógio digital em um sonho, desviar o olhar e, em seguida, olhar de novo, as chances de os números mudarem são altas. Você pode também tentar puxar o seu nariz. Em um sonho, ao fazer isso, muitas vezes seu nariz irá crescer, como o do Pinocchio.

Ao realizar verificações de estado diariamente, você introduzirá gradualmente o hábito de fazer as mesmas coisas no sonho. Passar caminhando por uma porta pode não ser uma anomalia – seja na vigília ou durante o sonho – mas isso pode acontecer com frequência em seus sonhos. Se você adquirir o hábito de realizar uma verificação de estado cada vez que passar por uma porta, mesmo que seja apenas se perguntando: "Será que estou sonhando ou não?", mais cedo ou mais tarde você fará a mesma coisa em um sonho. Treinando desta forma você irá reforçar a possibilidade de fazer verificações de estado quando os sinais de sonho, singularidades, anomalias e impossibilidades ocorrerem em seus sonhos. Quando notar que há dois sóis no céu você se perguntará: "Será que estou sonhando ou não?", e acionará a lucidez. Este treinamento, como vimos no capítulo anterior, é o que Stephen LaBerge chamou de Indução Mnemônica de Sonhos Lúcidos – MILD (*Mnemonic Induction of Lucid Dreams*).

O resultado, com o tempo, será desenvolver internamente uma forte atitude reflexiva crítica. Por fim, os mesmos padrões de análise e ceticismo que você usa de forma regular e intuitiva durante o dia se tornarão habituais durante o sonho. Na verdade, você se tornará sensível à estranheza do cenário onírico. O fato de que estar sonhando se tornará mais óbvio e o sonho lúcido se tornará cada vez mais comum, porque levará cada vez menos tempo para que a lucidez seja acionada. Afinal de contas, da perspectiva da lucidez, se você sabe que foi para a cama há alguns instantes e de repente se encontra acordado em algum ambiente inesperado, a mente reflexiva crítica dirá: "Ei, eu acabei de ir para a cama! Não estou no aeroporto de Los Angeles. Isso só pode ser um sonho".

Estratégias complementares para o sonho lúcido

A técnica *WILD* – Sonho Lúcido Iniciado na Vigília (*Wake-Initiated Lucid Dreams*) fornece uma abordagem mais direta para alcançar a lucidez, que não requer toda a preparação da técnica MILD durante a vigília. Se o sono se tornar superficial durante o sonho no meio da noite, existe a possibilidade de deslizar de volta para o nosso sonho com lucidez ou de estabelecer uma forte intenção de perceber coisas estranhas ou sinais de sonhos quando voltarmos a dormir, logo a seguir. Abaixo serão apresentadas três práticas WILD.

Como vimos no capítulo anterior, os ciclos de sono duram aproximadamente noventa minutos e a seguir se repetem. Uma vez que a proporção de cada ciclo que contém sonhos aumenta progressivamente durante a noite, se você tem facilidade para adormecer, ocasionalmente (quando não precisar trabalhar no dia seguinte) ajuste o alarme para despertar no meio da noite, em um momento em que provavelmente estará sonhando. Suponhamos que você esteja dormindo nove horas em uma determinada noite, o que equivale a 540 minutos. Se dividirmos este período por noventa minutos por ciclo, chegamos a seis ciclos. Se você ajustar o alarme para quatro horas e meia após se deitar, você despertará em 270 minutos – ao final de três ciclos de sono. A esta altura, o período de sonho na última parte de cada ciclo terá aumentado em comparação com os ciclos anteriores. Isso significa que, quando você despertar, haverá uma boa chance de que esteja saindo de um sonho já com alguma duração. Ao acordar, ajuste o alarme para noventa minutos mais tarde e volte a dormir com uma forte resolução de se tornar lúcido. Você pode também tentar retomar lucidamente o sonho do qual acabou de sair, lembrando e visualizando alguns dos seus detalhes. Se neste momento você já for capaz de lembrar de seus sonhos, poderá fazer isto facilmente.

Continue praticando desta maneira, acordando em intervalos de noventa minutos e tentando adormecer e entrar em um sonho lúcido ou preparando-se para reconhecer anomalias e sinais de sonho. Saia do sonho, despertado pelo alarme, ajuste novamente o alarme, e então, nestes momentos em que estiver acordado, prepare-se para retomar o sonho com lucidez. Se for se deitar às 21h00, você deve ajustar o alarme para 1h30, depois

3h00, 4h30, 6h00, 7h30, e assim por diante. Claro que você pode aumentar ou diminuir o tempo total. Se você seguir esta prática, em breve descobrirá por si mesmo que o horário nobre para sonhar é durante as sequências mais tardias do sono. Nesses períodos, torna-se muito mais fácil entrar nos sonhos com lucidez.

A segunda prática também faz uso deste fato. Quando puder dormir até mais tarde, como, por exemplo, em um fim de semana ou feriado, aproveite para dormir um ou dois ciclos de noventa minutos a mais. Se for capaz disso, você terá sonhos proporcionalmente maiores nas sequências mais tardias, aumentando suas chances de se tornar lúcido. Quando se tornar proficiente em sonhos lúcidos, estes períodos lhe darão oportunidade de aplicar suas habilidades e interesses em sonhos lúcidos longos.

A terceira prática requer que você desperte durante a noite e permaneça acordado por trinta a quarenta e cinco minutos, antes de voltar a dormir. Ajuste o alarme para despertá-lo após ter passado por vários ciclos de sono. Então, levante-se e leia algo estimulante. A intenção é que sua mente fique bem clara. Seria mais útil se pudesse ler alguma coisa associada com a prática dos sonhos lúcidos, como forma de estimular o seu interesse em se tornar lúcido. Isso funciona da mesma maneira que a memória prospectiva: você estará criando uma atmosfera de antecipação que acionará a lucidez mais adiante, quando retomar o sono. Por fim, estabeleça a sua intenção de se tornar lúcido e volte a dormir. Este método se mostrou bastante eficaz para induzir sonhos lúcidos.

Outra abordagem WILD é prestar atenção às imagens hipnagógicas enquanto adormece. Isso pode ser feito ao se deitar ou ao acordar durante a noite. Se for capaz de manter alguma clareza – sustentar sua atenção um pouco mais do que o normal durante o processo de adormecer – você será capaz de detectar imagens fragmentadas, devaneios e uma variedade de padrões visuais que fazem parte do processo de perda da consciência ao adormecer. Estas imagens ocorrem em um espaço entre a sonolência inicial e o sono leve (isto é, durante o sono NREM 1). Se formos capazes de manter a lucidez durante esta transição, nos encontraremos no sono NREM 2 e conscientes do sono sem sonhos.

Manter a atenção em imagens hipnagógicas requer que você as observe de uma forma muito suave e passiva. Observe estas imagens sem agitação, sem tentar mantê-las ou melhorá-las. Se puder manter esse equilíbrio delicado, ao final, a partir dessas imagens poderão surgir sonhos completos. Permaneça passivo e permita-se simplesmente ser arrastado para o sonho. Preparar-se para dormir usando a prática de shamatha apresentada no início deste capítulo, é muito útil nesta abordagem. Este tipo de técnica WILD tem muitos pontos em comum com as práticas de ioga dos sonhos, que exploraremos em capítulos a seguir.

O cultivo da lucidez de forma direta

Uma das melhores maneiras de estabelecer uma base firme para atingir a proficiência em sonhos lúcidos é treinar a técnica de shamatha de *estabelecer a mente em seu estado natural*. Nesta prática, o foco da atenção não é nem as sensações táteis do corpo e nem a respiração, mas os fenômenos da própria mente. Isso significa que o seu objeto de atenção será o espaço da mente e quaisquer pensamentos, emoções, imagens e outros tipos de fenômenos mentais que surgirem nesse domínio de experiência. O objetivo é simplesmente observar este desfile, sem se envolver – sem cultivar, sem investigar, sem encorajar, sem rejeitar ou sem ser atraído por qualquer fenômeno mental que surgir na sua mente. Você deverá manter uma presença calma e equilibrada, quer esses fenômenos sejam rápidos e furiosos, quer sejam raros e distantes entre si. Não tenha preferência quanto ao que possa parecer. Apenas observe o que quer que surja.

Usar esta prática como um complemento para o sonho lúcido faz todo o sentido. Estabelecer a mente em seu estado natural se assemelha bastante ao sonho lúcido. Quando pratica o estabelecer a mente em seu estado natural, você se torna lúcido com relação à atividade mental no estado de vigília. Reconhece os eventos mentais como eventos mentais, sem tomá-los por eventos do mundo intersubjetivo externo. Normalmente somos tão aprisionados e carregados por nossas atividades mentais durante o dia quanto pela atividade mental noturna, que chamamos de sonhar. Raramente damos um passo para trás e simplesmente observamos nossas mentes em ação, tomando consciência da natureza da realidade que estamos vivenciando no momento presente. Faz sentido, então, que tornar-se lúcido em sua experiência durante a vigília facilite enormemente a lucidez quando estiver sonhando. Estabelecer a mente em seu estado natural também pode ser eficaz para retomar os sonhos quando acordar durante a noite.

Sessão de meditação para estabelecer a mente em seu estado natural

Comece estabelecendo o corpo em seu estado natural e a respiração em seu ritmo natural, como na primeira sessão de shamatha descrita no capítulo 1:

Escolha qualquer **postura** confortável – supina, sentado de pernas cruzadas ou sentado em uma cadeira. Se estiver sentado, certifique-se de que sua coluna esteja reta e o seu esterno esteja ligeiramente elevado, de modo a evitar qualquer tipo de pressão em seu abdômen que possa impedi-lo de se mover livremente. Se encontrar qualquer área de tensão muscular, respire nessas regiões e permita que a tensão se dissipe com a expiração. Por fim, complete esta preparação inicial do corpo, tomando três respirações longas, profundas e revigorantes. Respire inicialmente no abdômen e, a seguir, expanda o diafragma e finalmente o tórax. Quando seus pulmões estiverem quase plenos, solte a respiração e deixe-a fluir sem esforço.

Agora faça uma varredura de todo o seu corpo, partindo do topo da cabeça até as pontas dos dedos dos pés, mantendo a atenção nas sensações experimentadas em cada área, e não em representações visuais do seu corpo. Então, repouse por alguns instantes na experiência do seu corpo como um todo – como um **campo de sensações táteis**. Em seguida, concentre-se nas áreas deste campo relacionadas com a respiração – o subir e descer do abdômen, diafragma, tórax, e qualquer outro movimento associado à sua respiração. Permita que a respiração flua naturalmente, mantendo a atenção durante toda a entrada e saída do ar. Observe a sensação de liberação após a expiração e as sensações do ar novamente inundando o corpo, com a inspiração. Em seguida, **conte vinte e uma respirações**, concentrando-se nas sensações relacionadas com a sua respiração e não na contagem em si. Este é um exercício preliminar para estabilizar e acalmar a mente.

Agora abra os olhos e deixe-os ao menos parcialmente abertos, **repousando o olhar sem foco** no espaço à sua frente, e direcione sua atenção para o espaço da mente e tudo o que surgir dentro desse espaço. Para facilitar essa prática, num primeiro momento você pode gerar um evento ou objeto mental, um pensamento ou imagem, como a de um pedaço de fruta ou o rosto de um parente – algo familiar. Gere a imagem, mantenha o foco inteiramente sobre essa imagem, deixe-a desvanecer e, em seguida, mantenha a sua atenção exatamente onde estava a imagem, preparado para detectar a próxima imagem, pensamento ou evento mental de qualquer tipo que surgir dentro deste espaço.

Esta prática é muito simples: você deve fazer o seu melhor para manter um **fluxo constante de atenção plena direcionada ao espaço da mente**, observando tudo o que surgir nesse espaço sem reagir, sem julgar, sem distrações e sem fixações.

Você poderá experimentar intervalos em que será incapaz de detectar qualquer pensamento, imagem ou outro evento mental. No entanto, ainda assim você terá um objeto de meditação: durante os intervalos entre os pensamentos, simplesmente observe – com atenção plena discriminativa – o vazio do espaço da mente. Observe tanto o palco quanto os atores no palco. E então, quando não houver atores, observe o palco.

Quando perceber que se distraiu – seguindo o hábito de se envolver com os pensamentos, estimular novos pensamentos, emoções ou imagens, e de reagir a fenômenos mentais – dê um passo para trás suavemente e volte à observação atenta e passiva do fluxo mental.

Depois de 24 minutos, encerre a prática.

Resumo da prática:

• Postura: de sua escolha (supina, sentado de pernas cruzadas, sentado em uma cadeira).

• Corpo: estabelecido em seu estado natural.

• Respiração: estabelecida em seu ritmo natural.

• Atenção: no espaço da mente e em qualquer evento mental que surgem nesse domínio da experiência[15.]

• Quando se distrair: relaxe, libere o que capturou a sua atenção e, em seguida, retorne a sua consciência para o espaço da mente e seu conteúdo.

• Duração: um ghatika (vinte e quatro minutos).

• Intenção: observar os fenômenos mentais com lucidez, como uma preparação para o sonho lúcido; desenvolver a concentração usando fenômenos mentais como objetos da atenção.

Reunindo tudo

Os três requisitos essenciais para aprender a sonhar com lucidez são: (1) motivação adequada, (2) prática correta de técnicas eficazes, e (3) habilidade excelente de recordar dos sonhos. O objetivo é se tornar proficiente em sonho lúcido. Isso

---

15. O termo "espaço da mente" se aplica ao domínio de experiência mental, em oposição à sensorial. Torna-se particularmente evidente nos intervalos entre os pensamentos, mas também está presente como o espaço do qual os pensamentos emergem, no qual eles estão presentes e no qual eles, ao final, se dissolvem.

significa ter sonhos lúcidos frequentes e ampliar sua duração, para que tenha tempo de realizar as práticas que despertaram seu interesse pelo sonho lúcido. Usando mais uma vez a metáfora do laboratório – o seu não será de muita utilidade para você se estiver aberto apenas uma vez ou duas vezes por mês e apenas por alguns minutos por vez. Muitos estudantes de sonho lúcido que fazem o esforço necessário, não só são capazes de ampliar a duração de seus sonhos lúcidos para meia hora, uma hora ou mais, como também são capazes de tê-los quando bem desejarem. Então, depois de ter aberto as portas para o sonho lúcido – uma vez que você tenha sentido o gosto dessa experiência –, a próxima fase será estabilizar esse ambiente e começar a usá-lo.

4
Proficência em sonho lúcido

Como ampliar os seus sonhos lúcidos

A esta altura, você já deve ter tido alguns sonhos lúcidos. No início, o seu maior problema deve ter sido se acostumar à emoção de repentinamente se dar conta de estar lúcido dentro de um sonho, para que o seu entusiasmo não o despertasse imediatamente. Provavelmente já deve ter flutuado ou voado em seus sonhos, desafiando a lei da gravidade. Talvez já tenha notado como os números e letras no mundo dos sonhos comumente se modificam quando olha para eles uma segunda vez. Estas são, naturalmente, duas das principais verificações de estado que você pode usar para determinar se está ou não sonhando. Provavelmente, em algum momento não muito distante em seu sonho, o cenário, de repente ou gradualmente, se despedaçou ou desvaneceu, e você então despertou. Ou a sua atenção se desvaneceu e você perdeu a lucidez – e foi carregado para um sonho comum – ou apagou em um sono sem sonhos. Estes são os dois principais obstáculos para aumentar a duração dos sonhos lúcidos: perder a consciência lúcida do sonho e perder o próprio sonho.

Como sustentar o sonho

As pesquisas sobre sonho lúcido sugerem que o desvanecimento ou a dissolução do sonho, levando a uma experiência de vigília ou a um sono sem sonhos, é uma questão de um estímulo sensorial ser superior a outro. Perder o sonho significa que o estímulo sensorial de vigília ou o estímulo extremamente discreto (essencialmente inconsciente) do sono sem sonhos, por algum motivo, se tornou dominante. A informação sensorial dos ambientes diferentes do sonho gradualmente se infiltrou ou simplesmente inundou sua percepção mental. O antídoto para essa intrusão em seus sonhos lúcidos é reposicionar o foco da sua atenção nas sensações do sonho. Vários métodos se revelaram extremamente eficazes para reconstituir os sonhos que começam a desestabilizar.

Se em um sonho lúcido você sentir que o cenário visual do sonho está perdendo a sua integridade, **gire o seu corpo de sonho** com os olhos bem abertos. Este movimento estimulante de girar fará com que os seus sentidos sejam inundados pelas imagens e sensações do ambiente do sonho. Em uma percentagem muito elevada de casos, esta manobra faz com que o sonho em que estava anteriormente se reconstitua ou que você seja lançado em um novo cenário de sonho. Por essa razão, o movimento de girar pode também ser usado como um meio para mudar os sonhos – para saltar de um sonho para outro.

Outro método que tem se mostrado eficaz é **friccionar seu corpo de sonho**. Na maioria dos casos, quando está tendo um sonho lúcido, "você" está localizado em uma réplica bem semelhante ao seu corpo normal. A sensação desse corpo de sonho é semelhante à do seu corpo de vigília. Já que você tem mãos de sonho, basta esfregar a pele do seu corpo de sonho vigorosamente. Tal como acontece com o girar, o fluxo de informação sensorial irá superar o estímulo de vigília ou de sono sem sonhos que está interrompendo seu sonho lúcido.

Seguindo a mesma lógica de potencializar relativamente o estímulo dos fenômenos dos sonhos, você também pode concentrar seu foco em algum objeto dentro do sonho. Muitos de seus objetos de sonho podem se modificar rapidamente – pessoas, carros, até mesmo o próprio cenário. Mas o seu corpo de sonho e o chão sobre o qual você está tendo a ser mais estáveis. Ao se concentrar para que se tornem mais vivos, você irá ancorar dentro do sonho, fazendo com que todas as informações concorrentes do estado de vigília ou do sono sem sonhos desapareçam. Portanto, a chave para a estabilização de um sonho que começa a se tornar instável é aumentar o seu engajamento com o próprio sonho.

Como sustentar a lucidez

Perder a lucidez significa, essencialmente, perder o contato com a realidade da sua situação. Em vez de manter a consciência de que está sonhando – que seu corpo está deitado imóvel na cama enquanto está lúcido em seus sonhos – você novamente acredita que o sonho é real. É incrível a facilidade com que isso pode acontecer. Mesmo nas circunstâncias oníricas mais bizarras, o torpor da consciência de sonho que não foi treinada aceita tudo, sem críticas. Se você estiver em Denver e, no momento seguinte, estiver em Los Angeles, e começar a questionar isso, a voz do torpor do sonho irá justificar – com sucesso – com argumentos como: "Ah, sim. Devo ter tomado um avião" ou "Eu devo ter me enganado sobre estar em Denver", e assim por diante. Portanto, manter a atitude crítica reflexiva, que é o principal suporte para a lucidez no sonho, requer uma grande dose de vigilância, porque você estará indo contra um dos hábitos mais fortes da vida humana – a aconchegante e confortável "hora de dormir". Nós adoramos acomodar nossos corpos e desligar nossas mentes ao deitar – como fazem os cães e os gatos – e temos feito isso durante todas as nossas vidas.

Claro que, quanto mais você **treinar em shamatha**, menos provável será perder a lucidez nos sonhos. A prática simples de acompanhar sua respiração requer que você evite a tendência arraigada de seguir pensamentos distraidamente. Além da prática básica de shamatha, estabelecer a mente em seu estado natural, como apresentado anteriormente, é precisamente a prática de manter uma atitude crítica reflexiva. Se estiver acostumado a isso no estado de vigília – e especialmente se puder desenvolver algum domínio, tornando-a um hábito – você terá menos problemas para manter a lucidez durante o sonho.

A maneira mais simples de garantir que você consiga manter a lucidez nos sonhos é **repetir para si mesmo com frequência: "Isto é um sonho" ou "Eu estou sonhando"**. Basta continuar se lembrando. Isto irá impedi-lo de ser aprisionado em algum detalhe do sonho, que poderá facilmente seduzi-lo para longe da lucidez. Enquanto estiver lúcido, pode acontecer de se agarrar a algo estranho ou sedutor que tenha despertado seu interesse. Talvez um carro esportivo antigo que você queria ter, um ser atraente do sexo oposto, a sua sobremesa favorita, um pôr do sol incrível sobre o mar. Na cena seguinte você está comendo e bebendo com o amante dos seus sonhos, e você se interessou tanto que... *é real*. Lucidez? Já era! É também possível, em tais situações, ficar com o melhor dos dois mundos – "Minha querida, isto não parece um sonho?" – mas apenas se sua habilidade crítica tiver o mesmo poder do seu interesse e dos seus desejos.

O mesmo pode ocorrer em pesadelos – em que você pode ter um forte desejo de pôr um fim ao sonho. Se estiver tendo um sonho lúcido em situações que você considera horríveis e optar por não enfrentá-lo, a saída mais fácil é fechar os olhos (de sonho). Aliás, esta é uma técnica para entrar em sono sem sonhos com lucidez. Se tiver habilidade, você pode escapar voando para outro planeta ou galáxia, que você mesmo criou, ou transformar a situação ou aparência do pesadelo em algo menos assustador. Você poderia transformar um lobisomem em um gatinho ou um vulcão flamejante em um chafariz.

Insights psicológicos

No entanto, você também pode decidir mudar a sua *reação* a sonhos como esses. Você pode se lembrar de que está sonhando e que nenhum objeto aparentemente ameaçador em seu sonho de fato existe. Usando paciência e relaxamento nessas situações, você pode ser capaz de se fortalecer psicologicamente – e talvez adquirir alguma sabedoria. Vamos explorar essas possibilidades mais profundamente na seção de ioga dos sonhos.

Você deve ter notado que, se você previr algo dentro de um sonho lúcido, esse evento ocorrerá. No meu caso, quando eu me encontro em um dos meus sonhos de "viajante ansioso", lúcido, e me pego pensando: "Eu acho que perdi meu voo", se eu olhar pela janela do aeroporto, com certeza, lá estará o meu avião decolando. Posso até saber que estou sonhando e que o aeroporto não é real, mas ainda assim, lá se vai o meu avião. Você pode

usar a previsão conscientemente para manter a lucidez. Se, por exemplo, você pensar, "Eu aposto que o meu melhor amigo Carl vai passar por essa porta agora", muitas vezes, será precisamente isto o que irá acontecer. Depois, você poderá vincular essas profecias autorrealizáveis em sequências. "Agora, Carl tocará acordeão. O acordeão irá se transformar em uma Ferrari antiga, e nós iremos dirigindo até a costa da Riviera Francesa. Pode ser que haja um pôr do sol... Ah, veja! Lá está!", e assim por diante.

Este é um método para criar histórias e para gerar continuidade dentro de seus sonhos lúcidos. Outra forma é gerar uma intenção específica, como, por exemplo: "Esta noite irei escalar o Monte Everest". Durante o dia, pratique prevendo que irá sonhar com a escalada da montanha. Veja fotos do Monte Everest, leia sobre pessoas que fizeram a escalada e folheie catálogos de equipamentos para escalar montanhas. Pense em um plano para escalar a montanha – crie a sua base de acampamento, escolha uma determinada rota, pense em soluções para dificuldades específicas ao longo do caminho, e assim por diante. Estabeleça firmemente a sua intenção na hora de dormir, repetindo diversas vezes sem distrações que você estará na base do Monte Everest quando estiver sonhando e que então você irá escalá-lo conforme planejado. Mais uma vez você estará usando a memória prospectiva para alcançar e manter a lucidez – desta vez, de uma forma mais elaborada.

Sono lúcido sem sonhos

O sono sem sonhos, como vimos no capítulo 2, é normalmente um estado no qual entramos natural e inconscientemente e no qual permanecemos com um nível muito baixo de consciência, ou nenhuma. (Esses estados sem sonhos naturais são designados NREM 2, 3 e 4 no padrão de sono geral mencionado anteriormente.) No entanto, este é um estado que podemos explorar e do qual podemos nos beneficiar, se tivermos um grande interesse em compreender a natureza da consciência e dos estados mentais. O sono lúcido sem sonhos nos traz uma experiência relativamente pura do substrato. Embora o substrato seja chamado de vácuo, ele não é completamente vazio, não é completamente não configurado. Uma vez que, no ciclo do sono, os sonhos se desenvolvem naturalmente a partir do sono sem sonhos, se entrarmos neste campo de forma consciente, ou se nos tornarmos lúcidos logo após ter entrado nesta fase, teremos a oportunidade de observar o desenvolvimento embrionário de um sonho.

Nas práticas mais avançadas, o desenvolvimento da estabilidade no sono lúcido sem sonhos pode ser um fator crucial para navegar no bardo pós-morte[16]. No budismo tibetano, acredita-se que este estado pós-morte seja um fator que determina a natureza do próximo renascimento. Normalmente, a consciência do falecido fica confusa e assustada com as aparências desconhecidas e dramáticas deste bardo – incapaz de compreendê-las ou de usá-las para obter um renascimento mais positivo. No entanto, se a estabilidade no sono sem sonhos for desenvolvida, há uma chance melhor de se poder manter a calma nesta situação e fazer escolhas significativas, especialmente se a pessoa tiver se preparado por meio de estudos de textos que explicam a natureza deste estado de transição.

---

16. O estado intermediário entre uma vida e a seguinte.

Um exercício que você pode fazer no estado de sono lúcido sem sonhos é dirigir a sua atenção para o vácuo (substrato) e colocar questões como: "Qual é a natureza desse vazio? Qual é o seu tamanho, sua forma? Quais são as suas características?" Após observar o substrato, repousando ali, as respostas a estas perguntas poderão levá-lo a uma questão maior: "Qual é a natureza de estar consciente?" Nessa atmosfera rarefeita, livre de distrações, você poderá examinar a consciência em detalhe e, talvez, encontrar respostas importantes às questões que têm intrigado filósofos por milhares de anos.

Outra prática avançada com base no sono lúcido sem sonhos é a *presença aberta*, que faz parte das práticas Dzogchen, um tópico que examinaremos em um capítulo mais adiante. Em resumo, se o praticante for capaz de atingir a estabilidade no sono lúcido sem sonhos, o acesso ao substrato e a prática da presença aberta poderão fazer com que o praticante atravesse para a consciência prístina – sua natureza de buda. Para aqueles que estão no caminho espiritual, esta é uma grande conquista.

A prática da consciência da consciência (ou shamatha sem sinais)

Uma maneira de entrar diretamente no sono lúcido sem sonhos é fechar os olhos durante as atividades do sonho lúcido normal. Isto leva o praticante imediatamente ao vácuo do substrato. Outro método, encontrado na ioga dos sonhos, é se concentrar na visualização de uma imagem no chacra do coração. A seguir, apresentarei um método baseado na prática de shamatha, chamado consciência da consciência, que permite ao praticante submergir suavemente no sono sem sonhos com lucidez ao adormecer.

Uma Sessão de Consciência da Consciência: Comece, como nas sessões de shamatha anteriores, estabelecendo o corpo em seu estado natural. Encontre **uma postura confortável** – sentado ou deitado em posição supina. Em seguida, depois de tomar três respirações profundas e amplas, **estabeleça a respiração no seu ritmo natural**. Pratique a atenção plena à respiração, mantendo os olhos ao menos parcialmente abertos e repousando o olhar no espaço à sua frente, sem prestar atenção aos objetos próximos ou distantes. Continue respirando confortavelmente e trazendo gentilmente as qualidades de relaxamento, calma e vigilância. Mantenha-se perifericamente ciente de quaisquer fenômenos mentais que surjam na sua mente.

Depois que tiver atingido um estado relaxado e equilibrado, desprenda a sua atenção de todos os objetos – de toda e qualquer aparência física ou mental – e estabeleça a sua consciência no próprio estado de estar consciente. Sua consciência não está direcionada para lugar algum, nem para dentro nem para fora, mas repousa naturalmente em sua própria natureza. Qualquer pensamento que surgir, seja ele qual for, libere-o imediatamente. Assim estará permitindo que a sua consciência se estabeleça naturalmente em sua própria natureza. Mantendo esta vigilância tranquila e relaxada, simplesmente solte os fenômenos que obscurecem a clareza da sua consciência. O que resta é o puro evento de estar consciente. De vez em quando, verifique se está fazendo algum esforço e se sua respiração continua profundamente relaxada. Descanse neste estado de absoluta simplicidade.

Depois de um ghatika, encerre a sessão. (Se você estiver usando esta meditação como uma prática de sonho ao adormecer, começa na posição supina. Então, depois de ter alcançado estabilidade, vire-se e permita-se adormecer, mantendo sua atenção apenas na própria consciência.)

Resumo da prática:
- Estabeleça o corpo em seu estado natural.
- Estabeleça a respiração em seu ritmo natural.
- Repouse com equilíbrio – relaxado, quieto e vigilante.
- Libere todos os pensamentos que surgirem na mente.
- Estabeleça a consciência na consciência apenas.
- Duração: um ghatika (ou o tempo que levar para adormecer com lucidez).
- Intenção: explorar a clareza límpida da consciência substrato, possivelmente como um prelúdio do atravessar (*breakthrough*) para a consciência primordial; ou para entrar no sono lúcido sem sonhos.

Comentários

Esta prática é extremamente simples. A atenção deve ser mantida de uma maneira muito tranquila e sutil, especialmente se a sua intenção for adormecer sem perder a lucidez. Quando tiver adquirido algum domínio sobre esta prática, a consciência substrato será experimentada de forma direta, imbuída das qualidades de bem-aventurança, luminosidade e não conceitualidade. A consciência da consciência oferece um atalho para esta experiência, que é alcançada de forma mais gradual ao longo do tempo por meio da prática de estabelecer a mente em seu estado natural.

Sabendo que esta prática é bastante sutil, como você pode ter certeza de que está sustentando a consciência da consciência?

Em qualquer tipo de prática, é útil saber quais são os extremos, para que você se mantenha em um caminho intermediário entre eles. Para isto, considere que tentar com muito esforço dará origem à agitação e não se esforçar o suficiente levará ao torpor. Depois de reconhecer os dois extremos, você deverá fazer algo intermediário, que significa afastar-se desses extremos cada vez mais facilmente. Se estiver focando qualquer objeto, um pensamento ou uma imagem, este é um extremo, o da agitação. O outro extremo, que é mais enganoso, é estar sentado com a mente em branco, sem consciência de coisa alguma. Você não está prestando atenção a nenhum objeto – apenas vegetando. O que está entre esses dois extremos é uma qualidade de frescor, porque você está no momento presente e vividamente consciente. Você não está prestando atenção a objeto algum, mas está ciente de que a consciência está presente. É maravilhosamente simples, mas sutil. É como calçar um velho par de sapatos. Quando está com os pés nele, você realmente sabe que está ali. Você precisa desenvolver a confiança de que saberá quando estiver praticando corretamente. É assim que deve ser feito.

O laboratório do sonho

Depois de ter desenvolvido experiência suficiente, e que a frequência, a estabilidade e a nitidez dos seus sonhos atingirem um certo limiar, você poderá criar laboratórios de sonho nos quais poderá desenvolver atividades do seu interesse. Se, por exemplo, você se interessa por ciência, poderá realizar experimentos de uma forma altamente imaginativa. Muitas das grandes descobertas científicas não ocorreram durante o experimento, mas enquanto a imaginação do cientista estava livre. A maçã de Newton, que supostamente lhe deu a ideia de que a gravidade era uma força de atração, é um excelente exemplo. Albert Einstein usou a imaginação (claro que uma imaginação muito bem-informada) para prever o resultado de experimentos, alguns dos quais foram realizados muitos anos após suas formulações. Sua visão da gravidade como um espaço curvo – que virou a visão de Newton de pernas para o ar – parece ter sido gerada como uma reformulação criativa da pergunta: "O que é gravidade?" Nos sonhos lúcidos se pode manipular os ambientes e os objetos dentro deles de uma forma muito fluida e vívida, ideal para qualquer coisa, desde projetar experimentos até o tipo de imaginação livre, importante para a ciência de vanguarda.

Este mesmo exemplo se aplica a engenheiros e inventores, que poderiam planejar e testar seus projetos nesse "holodeck" tridimensional do sonho lúcido controlado. Veremos algumas implicações práticas do sonho lúcido em maior detalhe em um capítulo adiante.

Um espaço para a meditação

Há uma grande variedade de técnicas de meditação, muitas das quais requerem um espaço tranquilo, onde se possa meditar por períodos relativamente longos sem distrações. Tradicionalmente, as cavernas e cabanas em lugares distantes têm sido os locais de preferência. Ainda assim, até mesmo esses locais podem apresentar dificuldades no que se refere à obtenção de alimentos, a condições extremas como frio e umidade, e aos perigos de se ficar gravemente doente em um local remoto. Lidar com esses problemas é um teste para meditadores determinados, talvez uma parte integrante do seu crescimento em direção à maturidade no árduo caminho para a realização espiritual.

No entanto, o que poderia ser mais ideal do que desenvolver um espaço dentro de seus sonhos lúcidos, onde você possa meditar sem distrações? Se desejar um espaço visual propício para a sua prática, você poderá oferecer a si mesmo um quarto, uma caverna, uma montanha com uma vista gloriosa – o que quer que deseje e que o seu nível de habilidade em sonhos lúcidos permitir. Se desejar, as paredes poderão ser decoradas com imagens relacionadas ao seu estilo de prática – uma estátua em tamanho natural do Buda, Shiva, Jesus ou de quem desejar. Você poderá até mesmo colocar um tapete e uma almofada para se sentar – embora possa facilmente pairar no ar. Se a sua prática envolver visualização, com treino você poderá reproduzir as imagens mais elaboradas em três dimensões.

Novamente, a chave aqui é estabilidade e vivacidade: a maioria das pessoas terá que aumentar seu tempo de sonho lúcido gradualmente para poder praticar por até uma hora neste ambiente criado pela mente, sem perder o sonho e nem sua qualidade de lucidez. A vivacidade – a nitidez das imagens, sua cor e clareza – também leva tempo para se desenvolver, a menos que o praticante seja naturalmente talentoso, da forma como muitos artistas visuais o são. Se você quiser meditar no espaço do sonho lúcido, deve começar por focar sua determinação afirmando – da mesma maneira que aprendeu no estágio inicial dos sonhos lúcidos – "Esta noite, criarei um espaço tranquilo para meditar nos meus sonhos".

É claro que você não precisa criar nada tão elaborado como uma caverna de meditação para poder meditar enquanto pratica o sonho lúcido. Se você deseja fazer a prática de shamatha de acompanhar sua respiração, basta imaginar um corpo de sonho que respira e seguir essa respiração. Se você tiver a estabilidade necessária para criar uma imagem visual, como a chama de uma vela, uma joia, ou até mesmo uma imagem sagrada, você poderá desenvolver a concentração e, finalmente, chegar ao samadhi (concentração meditativa), mantendo sua atenção exclusivamente sobre essa imagem, por períodos progressivamente mais longos.

Outra prática de meditação ideal para o sonho lúcido é estabelecer a mente em seu estado natural. Neste caso, como vimos anteriormente, você não deve alterar ou controlar qualquer um dos fenômenos mentais que surgirem. Uma vez que tudo que é percebido no estado de sonho é mental – pensamentos, emoções e objetos físicos – você deve simplesmente prestar atenção a tudo o que surgir, sem se fixar, e sem se deixar levar. Isto, naturalmente, fortalecerá a sua estabilidade como um sonhador lúcido, já que, como vimos anteriormente, estar lúcido frente às aparências de todos os fenômenos – dia e noite – é o principal fundamento para o sonho lúcido. Portanto, fazer esta prática durante o sonho tem a dupla vantagem de aumentar a sua habilidade em uma técnica de meditação importante e fundamental, com amplas aplicações à prática espiritual, e de também fortalecer a sua capacidade de sonhar com lucidez.

Parte II

IOGA DOS SONHOS

5
O universo da ioga dos sonhos

Como vimos, o sonho lúcido é um assunto relativamente novo no campo da psicologia moderna. Inicialmente desenvolvido por especialistas em pesquisas sobre o sono – uma subárea da psicologia – ao longo das últimas três décadas, ganhou adeptos entusiásticos entre o público leigo, embora a maioria dos psicólogos acadêmicos tenha manifestado muito pouco interesse por esta provocativa linha de pesquisa. Talvez seja por ser visto como subjetivo demais e que, portanto, não merece ser investigado cientificamente[17]. Dada a maleabilidade dos sonhos lúcidos e a variedade de interesses humanos, a gama de atividades que podem ser desenvolvidas quando se está sonhando é infinita. Sonhadores lúcidos conceber qualquer tipo de aventura noturna, de um *hobby* exótico à busca espiritual.

Por outro lado, o campo da ioga dos sonhos é uma prática espiritual específica incorporada a uma visão de mundo que data de dois milênios e meio – a visão de mundo budista. Esse universo, que é complexo e ao mesmo tempo bastante integrado, é dirigido pelo duplo objetivo de aliviar o sofrimento e de acelerar a iluminação de todos os seres. A literatura desta psicologia budista altruísta é imensa e, dentro dela, existem inúmeros textos

---

17. ALAN WALLACE, B. *The Taboo of Subjectivity*: Toward a New Science of Consciousness. Nova York: Oxford University Press, 2000.

sobre ioga dos sonhos, sem contar os ensinamentos orais transmitidos ao longo dos séculos. Embora não seja preciso se tornar um budista para praticar a ioga dos sonhos, é essencial ter algum conhecimento sobre os objetivos e métodos do budismo. Tenha em mente também que há uma superposição entre o sonho lúcido e a ioga dos sonhos. Mesmo que seus objetivos com respeito aos sonhos não envolvam a prática espiritual, você poderá se interessar por algumas das práticas da ioga dos sonhos, como um meio de afiar suas habilidades de sonhar com lucidez. De fato, algumas das técnicas específicas são praticamente idênticas. Da mesma maneira, aqueles interessados na prática dos sonhos de uma perspectiva espiritual poderão se beneficiar das instruções sobre sonho lúcido, que são mais facilmente assimiladas. Nesse sentido, as duas práticas são complementares.

"Desperto" significa o quê?

A diferença mais dramática entre sonho lúcido e sonho ioga depende do que significa estar lúcido ou desperto. A tradição científica ocidental, a partir da qual as teorias e práticas psicológicas do sonho lúcido se desenvolveram, considera que o estado de vigília normal é o estado mais desperto possível: à noite adormecemos e entramos em um mundo de sonhos "irreal". Pela manhã, quando acordamos, novamente percebemos a realidade mais ou menos "como ela é". E isso é tudo. Podemos vir a nos tornar lúcidos durante o sonho, mas esse despertar não é visto como substancialmente diferente da clareza mental da vigília. Estaremos simplesmente lúcidos frente ao processo de sonhar.

No entanto, o budismo considera que a própria consciência normal da vigília é um estado de sonho em relação à dimensão mais profunda da nossa consciência. A hipótese budista aqui é de que, entre os três estados gerais de consciência – vigília, sono e sonho – o estado mais grosseiro da consciência, o que tem o menor potencial de desenvolvimento espiritual, com o mínimo de maleabilidade, é, surpreendentemente, o estado comum de vigília. Em termos de busca de progresso espiritual, o estado que normalmente estamos experimentando é o pior. O estado de sonho tem mais potencial, mas se não formos capazes de reconhecer o estado de sonho pelo que ele é, inevitavelmente o confundiremos com o estado de vigília e continuaremos no sonho em um estado de delusão. O sono sem sonhos envolve uma dimensão ainda mais sutil de consciência que pode ser usada com grande vantagem no caminho espiritual, mas que está geralmente tão obscurecida pela falta de clareza, que não somos capazes de explorar seu potencial. Mais além desses três estados, da forma como normalmente os experimentamos, há inúmeros outros estados de consciência cada vez mais lúcidos que podemos desenvolver. Mas não se considera que alguém esteja verdadeiramente "desperto" até que seja alcançada a iluminação, o estado de um buda, aquele que despertou para a dimensão mais profunda da consciência. Para o budismo, *esse* é o estado mais desperto que se pode alcançar. Até que possamos atingir o pleno despertar do estado de buda, estaremos adormecidos.

Uma tradição empírica

Qualquer que seja a nossa definição pessoal de "desperto", se desejarmos tomar emprestado ideias da ioga dos sonhos do budismo para nos ajudar a despertar dentro de nossos sonhos teremos sucesso, porque diversos conceitos fundamentais do budismo se assemelham bastante ao pensamento moderno. Para começar, o budismo é uma tradição empírica – os budistas são advertidos a não aceitarem os ensinamentos sem avaliá-los de forma crítica, apenas com base na fé. Em vez disso, são encorajados a testar as hipóteses. O próprio Buda disse a seus monges: "Assim como o sábio aceita o ouro apenas após testá-lo, aquecendo-o, partindo-o e esfregando-o, da mesma forma, minhas palavras devem ser aceitas apenas após serem examinadas, e não por respeito a mim"[18]. Essa declaração deve servir de alerta para todos nós oriundos da tradição ocidental, que se baseia idealmente no raciocínio lógico, na experiência (ou seja, na experimentação) e em dados factuais e objetivos. A demanda por provas sólidas é fundamental para a nossa cultura, a ponto de um Estado americano (Missouri) se autodenominar o "Estado do Ver para Crer". Não seria exagero chamar o budismo de a "Religião do Ver para Crer". As práticas do budismo, incluindo a ioga dos sonhos, estão aí para serem comprovadas pela experiência pessoal.

Psicologia: a psique e mais além

Outra área de interesse comum para o budismo e para a sociedade ocidental moderna é a psicologia. A psicologia ocidental busca entender a *psique*. O psicólogo Carl Jung definiu a psique como "a totalidade de todos os processos psíquicos, conscientes e inconscientes". Para Freud, a psique consiste em gran-

---

18. SHASTRI, D. *Tattvasamgraha*. Varanasi: Bauddhabharati, 1968, p. 3.587.

de parte do *id* inconsciente e do consciente moralizador do *super-ego*, mediados e integrados pelo *ego*. De acordo com o *American Heritage Medical Dictionary*[19], a psique é "a mente que funciona como o centro do pensamento, da emoção e do comportamento e que, consciente ou inconscientemente, media as respostas do corpo ao ambiente físico e social".

Mapear e entender a psique assim definida são os principais objetivos da psicologia ocidental, enquanto que, na psicologia budista, como sugerido anteriormente, a psique é nada mais do que uma província em um mapa mais amplo, em uma compreensão mais ampla da mente. E podemos ver que a psicologia budista está dois mil anos à frente do Ocidente, que passou a levar o estudo da mente a sério há apenas cerca de um século e meio. Assim, o budismo tem uma abundância de pesquisa fascinante para nos oferecer – hipóteses e práticas que podem ser aplicadas tanto aos nossos sonhos e quanto à realidade da vigília.

Como se poderia esperar, essa diferença de escopo se assemelha à diferença entre sonho lúcido e ioga dos sonhos e é a chave para integrar as duas disciplinas na prática. Como o sonho lúcido segue os princípios da psicologia ocidental, ele considera a psique como o seu campo de atividade. Partindo desse ponto de vista, quando você tem um sonho lúcido, está experimentando e explorando a psique. Os fenômenos que você encontra lá e a forma como esse campo funciona pode ser examinado através da lente da psicologia ocidental e de suas teorias e conceitos.

---

19. *The American Heritage Medical Dictionary Online*. "Psyche [Disponível em http://medical-dictionary.thefreedictionary.com – Acesso em mai./2011].

A consciência substrato

A ioga dos sonhos procura ir além da psique, até alcançar por fim a *consciência primordial*[20] que, quando plenamente realizada, significa o objetivo final do budismo em si – a iluminação. Antes de se chegar lá, no entanto, encontramos um estado de consciência mais sutil do que a psique, embora não tão transcendente quanto a consciência primordial. Este segundo campo mental, a *consciência substrato* (em sânscrito: *alaya vijñana*)[21], é diferente do subconsciente de Freud e da consciência coletiva de Jung. É anterior e mais fundamental do que o subconsciente – um subsubconsciente. Como tal, é considerada como sendo a fonte de toda a psique, incluindo o que os ocidentais chamam de subconsciente. Portanto, existe alguma sobreposição entre a psique e a consciência substrato, embora este último conceito seja um retrato mais profundo e detalhado daquilo que os psicólogos ocidentais chamam de inconsciente. É por isso que os sonhadores lúcidos podem se beneficiar da teoria e da prática da ioga dos sonhos.

Embora a consciência substrato seja única para cada indivíduo – o que a distingue do inconsciente coletivo de Jung[22] – para

---

20. No budismo, *consciência primordial* tem vários sinônimos, incluindo *dharmakaya*, consciência prístina, natureza de buda, *rigpa* e bodicita absoluta.

21. De acordo com a escola de pensamento Dzogchen, o substrato (em sânscrito, *alaya*) é um vazio luminoso, um espaço em branco, desprovido de pensamentos, imaterial como o espaço, no qual, os outros e os objetos se dissolvem. O substrato é o espaço da mente, que surge frente à consciência substrato, uma dimensão clara e radiante da consciência, que é a base do surgimento das aparências. Esta, a base da mente comum, da qual brota toda a atividade mental comum, segue de uma vida para a seguinte. Uma vez que a distinção entre os dois (substrato e consciência substrato) é sutil, o termo "consciência substrato" será utilizado neste texto na maior parte das vezes .

22. "[Um] segundo sistema psíquico de natureza impessoal, universal e coletiva, que é idêntico em todos os indivíduos. Este inconsciente coletivo não se desenvolve indi-

o budismo, ela é a base para as encarnações subsequentes. Pode-se dizer que não é o indivíduo que reencarna, mas as expressões sucessivas de um *continuum* individual de consciência substrato. Este fluxo mental começa a se tornar configurado no momento da concepção e depois é modificado pelos pensamentos, emoções, comportamentos e experiências do indivíduo ao longo de sua vida. A grosso modo, estes comportamentos são armazenados na consciência substrato como marcas cármicas, que condicionam a vida do indivíduo, bem como as encarnações futuras. Comportamentos virtuosos geram carma positivo, que levam a um futuro mais positivo e à possível evolução em direção à iluminação. Ações não virtuosas geram carma negativo – sementes que geram resultados negativos no futuro. Portanto, a consciência substrato é semelhante a um chip de memória de computador, onde os *inputs* anteriores constantemente modificam a operação atual e condicionam a operação futura do computador. Assim como o software e o hardware de um computador constantemente interagem e influenciam um ao outro, a consciência substrato e a psique, que surge a partir dela, interagem entre si de forma causal durante toda a vida.

A relevância da consciência substrato para a ioga dos sonhos se deve ao seu poder sobre a nossa compreensão. Por ser a fonte de todos os fenômenos mentais comuns, a ignorância a respeito de sua operação nos impede de ver como nos colocamos no nosso próprio caminho, bloqueando nosso próprio progresso

---

vidualmente, mas é herdado. Consiste de formas preexistentes, os arquétipos, que podem se tornar conscientes apenas secundariamente e que dá forma definida a certos conteúdos psíquicos" (JUNG, C.G. *The Archetypes and the Collective Unconscious*. Londres: Routledge, 1996).

em nossa busca por sabedoria, virtude e felicidade. O acesso à consciência substrato revela o terreno interno que terá que ser transformado no processo de maturação espiritual. Nossos medos, equívocos, memórias, tendências latentes e assim por diante estão todos armazenados na consciência substrato. Quando fobias e neuroses, delírios e interpretações surgem, emanam dessa mesma fonte. Além disso, o *qualia* que percebemos por meio dos nossos sentidos, na verdade, emerge do substrato, o espaço luminoso e vazio de experiência que é diretamente percebido pela consciência substrato. Este espaço é vividamente percebido quando se experimenta o sono profundo sem sonhos de forma lúcida, isto é, reconhecendo este estado pelo que de fato é, enquanto se está dormindo. Se forem explorados de forma inteligente, o substrato e a consciência substrato se tornarão a porta de entrada para a sabedoria e para a iluminação. A ioga dos sonhos permite o acesso direto a este reino e aos meios para transformá-lo.

Consciência primordial

A exploração completa da consciência substrato, na qual está incluída a psique, fornece uma "plataforma de lançamento" para se investigar o espaço mais profundo da consciência, a consciência primordial. A consciência primordial transcende todos os conceitos, incluindo sujeito e objeto, existência e não existência. É atemporal e "não nascida" no universo relativo que concebemos como "existência". Ela é a fonte de virtudes como a compaixão, criatividade e sabedoria, que dela emanam espontaneamente. A plena realização da consciência primordial é a conquista da liberdade completa, da iluminação – a vitória final. Este é o derradeiro propósito da ioga dos sonhos e de toda a prática budista genuína.

A consciência substrato é altamente condicionada, um repositório de tendências inatas e de propensões cármicas – a base do samsara. Por outro lado, a consciência primordial representa a total liberdade de tais aflições mentais. A consciência primordial, ou *bodicita* absoluta, é não dual com relação à bodicita relativa – o desejo de atingir o estado de buda, a fim de conduzir todos os outros sencientes[23] à iluminação. Na tradicional prática Mahayana[24] da bodicita relativa, gradualmente se desenvolve grande amor e compaixão por todos os seres sencientes. Isto pode ser alcançado por meio de exercícios que nos conduzem primeiramente a ver os outros seres sencientes como iguais em valor a nós mesmos (um grande passo além do nosso ponto de vista normalmente autocentrado) e, por fim, nos leva a ver os outros seres sencientes coletivamente como sendo mais valiosos do que nós mesmos. Nossa orientação passa a ser ajudar os outros, da forma mais ampla possível, com base no reconhecimento do seu sofrimento e do seu potencial para a felicidade. Este treinamento é em grande parte conceitual. No entanto, por meio da realização da consciência primordial, a grande compaixão e a bodicita relativa – a aspiração de alcançar a iluminação perfeita para o benefício de todos os seres – surgem espontânea-

---

23. De um modo geral, este termo se refere a seres não iluminados que possuem mentes e que, portanto, são capazes de pensar, sentir e perceber.

24. Chamada de Grande Veículo, esta escola budista surgiu na Índia no primeiro século d.C., e enfatiza a intenção de liberar todos os seres. Seus principais representantes, além do budismo tibetano, são a escola chinesa Ch'an, várias escolas da terra Pura e o Zen.

mente. Você não precisará procurar em outro lugar, diferente da bodicita absoluta, para encontrar a bodicita relativa.

Apoio na busca pela iluminação

É de suprema importância para a compreensão do budismo saber que o primeiro ensinamento do Buda após sua iluminação teve o sofrimento como tema. Este ensinamento, dado no Parque dos Cervos em Sarnath, perto de Varanasi, na Índia, é chamado de As Quatro Nobres Verdades. De forma simplificada, as Quatro Nobres Verdades são: (1) a realidade do sofrimento, (2) a realidade de que o sofrimento resulta fundamentalmente de uma causa interior – a ignorância, (3) a realidade de que o sofrimento e suas causas podem ser erradicados e (4) o caminho que leva ao fim do sofrimento. Até que a terceira nobre verdade seja realizada, o sofrimento será inevitável devido à ignorância, que é sua causa fundamental.

Uma vez que o seu objetivo final não é outro senão a iluminação, tal como definido pela tradição budista, a ioga dos sonhos é apoiada pela mesma filosofia e pelas mesmas práticas que são essenciais para o caminho do budismo tibetano completo. O budismo tibetano incorpora todas as três principais tradições budistas: (1) a *Shravakayana*, com ênfase na realização da própria liberação individual, (2) o *Mahayana*, onde se busca a iluminação perfeita de um buda para benefício de todos os seres e (3) o *Vajrayana* (incluindo a Grande Perfeição, Dzogchen), que une a vacuidade com a manifestação, ou seja, apesar de todos os fenômenos serem vazios de existência inerente, eles são, ao mesmo tempo, manifestações puras da mente iluminada. Tradicionalmente, os alunos do budismo tibetano estudam as tradições mais antigas, como a Shravakayana e escolas relacionadas, em seguida, são introduzidos ao Mahayana e, finalmente, às práticas mais avançadas do Vajrayana. Qualquer estudo profundo do budismo tibetano colocará o aluno em contato com todas as três abordagens, na sequência apresentada ou não, unificadas em um todo consistente.

Vacuidade – que não deve ser confundida com a ideia niilista do nada – pode ser definida como a ausência tanto de existência inerente dos fenômenos como de uma dualidade intrínseca entre sujeito e objeto. O eu pessoal, por exemplo, não é absoluto que existe monoliticamente, a ser encontrado em alguma forma ou localização distinta e imutável. O que nós escolhemos para chamar de "eu" se modifica a cada momento e é dependente de diversos fatores, como humor, situação, família, cultura, nacionalidade, e assim por diante. A investigação profunda e cuidadosa revela que não há um "eu" que tudo abarca. O "eu" como uma entidade inerentemente existente, independente de designação conceitual, é *vazio*. Em poucas palavras, esta é a vacuidade do eu pessoal.

O mesmo pode ser dito a respeito dos fenômenos que não são normalmente classificados como parte do eu pessoal. Por exemplo, temos a tendência a reificar a existência de todos os tipos de objetos, mesmo que não tenham nenhuma identidade estável ou independente ao longo do tempo. Um simples objeto, como uma xícara de chá era, há pouco tempo, um punhado de argila, e antes disso, minerais sólidos e água. No futuro, a xícara de chá será pedaços de cerâmica, fragmentos dificilmente identificáveis e, depois, pó. Mesmo que uma xícara de chá seja mantida intacta durante milênios, pode ser que uma civilização futura que não beba chá não tenha a menor ideia do que ela é, ou a identifique como sendo alguma outra coisa. Se pensarem que é uma escarradeira, por exemplo, assim será. Objetos não são nada além de rótulos, validados em decorrência de um consenso geral dentro de uma determinada comunidade. Eles são vazios de qualquer identidade absoluta ou inerente. Quando buscamos os objetos como algo inerente e imutável, eles não são encontrados.

Além disso, a vacuidade de todos os fenômenos não é vista como uma base absoluta subjacente aos fenômenos. Se a vacuidade for procurada não será encontrada em lugar algum, sendo ela mesma vazia de existência inerente. A vacuidade é simplesmente a forma absoluta pela qual os fenômenos existem. Além disso, a existência dos fenômenos percebidos depende dos órgãos sensoriais que os detectam e das mentes que os concebem. Portanto, é importante perceber que todos os fenômenos são coemergentes com os modos de consciência que os apreendem. Para a mente de um pássaro, o objeto que chamamos de "mosquito" é um tipo de alimento. Para os seres humanos um mosquito pode ser qualquer coisa, desde uma maravilha ou algo irritante até um perigo (especialmente se for vetor de uma doença perigosa). Para um mosquito, nós, seres humanos, somos alimento – fonte de sangue necessário para fertilizar os ovos do mosquito fêmea. Mas qual é o sentido absoluto de "mosquito"? O mosquito é vazio de qualquer significado último ou absoluto. A vacuidade não é nada mais do que a ausência de existência inerente, que se torna evidente quando os fenômenos são analisados cuidadosamente. A vacuidade é uma característica essencial da existência mentalmente condicionada. É a nossa ignorância a respeito dessa característica que nos leva à delusão e é a principal fonte de sofrimento. Por acreditarmos na existência intrínseca dos fenômenos, em certo sentido, levamos as coisas muito a sério. Nós nos tornaremos mais profundamente familiarizados com a vacuidade nos capítulos seguintes.

Da mesma forma que o caminho budista para a iluminação requer uma base ética, esta é igualmente relevante para a prática da ioga dos sonhos. O fundamento da ética no budismo tibetano é a intenção de evitar ferir os seres e de estar a serviço deles quando a oportunidade surgir. Além disso, a conduta ética evita o acúmulo de carma negativo, que seria um obstáculo na busca pela iluminação (e traria circunstâncias adversas à vida em geral). A conduta ética também garante o tipo de tranquilidade da mente necessária para a prática budista avançada. Para alguém que se sente atormentado pela culpa e pela malícia em sua vida diária, essa tranquilidade é improvável. Pessoas dominadas por competitividade, orgulho, raiva, ciúme e assim por diante terão dificuldade para acessar estados sutis de consciência que requeiram uma mente tranquila e estável.

O budismo oferece vários conjuntos de orientações para a conduta ética. Um deles é as Dez Ações Não Virtuosas, uma lista de comportamentos a serem evitados. Estas são as ações não virtuosas de corpo: (1) matar, (2) roubar, (3) má conduta sexual (significa, de forma geral, uma conduta sexual que traz sofrimento para os outros); as ações não virtuosas da fala: (4) mentir, (5) agredir com palavras, (6) caluniar, (7) falar inutilmente; e as ações não virtuosas de mente: (8) desejar o mal, (9) cobiçar, e (10) visões equivocadas (ou seja, não ter uma visão em desacordo com a realidade). As Seis Perfeições compreendem uma lista de ações virtuosas diretamente relacionadas ao avanço no caminho espiritual. O praticante é encorajado a praticar (1) generosidade, (2) disciplina ética, (3) paciência, (4) entusiasmo, (5) meditação e (6) sabedoria. As Quatro Qualidades Incomensuráveis compreendem uma lista de aspirações positivas para o bem-estar de todos os seres sencientes. O praticante cultiva as seguintes aspirações, com a maior sinceridade possível: (1) "Que todos os seres sencientes alcancem a felicidade e suas causas", (2) "Que todos os seres sencientes se livrem do sofrimento e de suas causas", (3) "Que os seres sencientes nunca se separem da felicidade, que é livre do sofrimento" e (4) "Que todos os seres sencientes permaneçam em equanimidade, livres do apego e da aversão".

Estas e outras sistematizações revelam que o altruísmo é a base do caminho budista tibetano para a iluminação. São expressões da bodicita, o desejo de atingir a iluminação para que todos os seres sencientes possam ser aliviados de todo o sofrimento e possam ser levados à felicidade suprema, simbolizado pelo desejo: "Possa eu atingir a iluminação para o benefício de todos os seres sencientes. Possa eu conduzir todos os seres à iluminação". As práticas da bodicita incluem aquelas em que se dá aos outros seres igual valor que a si mesmo e aquelas em que os outros seres são colocados acima de si mesmo. Como exemplo, o guia *Os Oito Versos que Transformam a Mente* diz: "Sempre que estiver na companhia de outras pessoas vou aprender a pensar em minha pessoa como a mais insignificante dentre elas e, com todo respeito, considerá-las supremas, do fundo do meu coração". Embora isso possa parecer uma autonegação ou mesmo autodepreciação radical, como o Dalai-Lama tem afirmado muitas vezes, essa postura de apreciar os outros mais do que a si mesmo pode remover o fardo do autocentramento. Se o peso do egoísmo é capaz de oprimir até mesmo um egoísta convicto – há uma abundância de evidências nesse sentido –, certamente pode prejudicar aqueles que, para avançar no caminho espiritual, necessitam da tranquilidade derivada da pureza do coração.

Pragmatismo

O caminho para a iluminação, a erradicação do sofrimento, a conduta ética, bodicita, e assim por diante, são ideais grandiosos. Mas o budismo visa, acima de tudo, colocá-los em prática. O Buda praticou esses ideais para atingir a iluminação, e suas ideias sempre foram embasadas em conselhos específicos por meio dos quais seus alunos alcançaram algum grau de realização. Fé não é suficiente. As práticas devem produzir o fruto desejado. Por meio da ioga dos sonhos, o iogue pode reconhecer a vacuidade do eu pessoal e dos fenômenos de forma direta. A ioga dos sonhos pode preparar o praticante para o bardo pós-morte, conforme mencionado anteriormente. Os fenômenos deste bardo podem representar tanto obstáculos como apoios para o avanço espiritual, dependendo da força e da direção de suas práticas na vida. Se o praticante tiver um profundo conhecimento sobre o estado de sonho e puder controlar seus sonhos, poderá fazer o mesmo no bardo pós-morte.

A ioga dos sonhos, quando apoiada pela realização de *shamatha*, também pode dar acesso a poderes sobrenaturais, como a clariaudiência, clarividência e precognição. Estas habilidades são importantes para aqueles que ensinam o Darma budista.

Um professor com acesso direto aos pensamentos de seus alunos será muito mais preciso, oferecendo conselhos mais apropriados a cada um deles. O contato direto com a consciência substrato, proporcionado pela realização de *shamatha* e da ioga dos sonhos, permite acessar as memórias de vidas passadas. Também é teoricamente possível que o iogue dos sonhos possa receber ensinamentos de seres realizados, em sonhos. Há muitos exemplos disto registrados na história de diversas tradições contemplativas, incluindo o budismo. À primeira vista, para um cidadão do mundo moderno, isso pode parecer absurdo. Mas, quando se examina o tipo de material revelado nestes casos, junto com a aparente sanidade, e a verdadeira genialidade dos que recebem tais ensinamentos, para não mencionar a evidente integridade e a ausência de motivos para mentir, esse ceticismo pode diminuir.

O Budismo Tibetano Vajrayana, em especial, incorpora uma abordagem fisiológica para a realização espiritual fundamentada nos "canais, energias vitais e essências vitais". Estas estruturas, que podem ter correlatos nas artes chinesas envolvendo o *chi* (acupuntura, Chi Gong e Tai Chi, por exemplo), juntamente com outras tradições médicas e espirituais antigas, (ainda) não foram identificadas pela ciência. No entanto, os seus efeitos positivos sobre a saúde são evidentes, até mesmo para a medicina ocidental. O acesso aos canais, energias vitais e essências vitais, bem como aos chacras ou centros de energia, muitas vezes se dá por meio da visualização. A ioga dos sonhos emprega esses elementos e suas visualizações como um apoio fisiológico para as explorações dos sonhos e do sono sem sonhos. Vamos examinar esses tópicos a seguir, à medida que formos aprendendo as práticas de ioga tibetana dos sonhos.

6
Prática diurna da ioga dos sonhos

Os ensinamentos de Padmasambhava sobre ioga dos sonhos

Da mesma forma que se prepara durante o dia para o sonho lúcido durante a noite – fazendo verificações de estado, mantendo um diário de sonhos, desenvolvendo uma atitude de reflexão crítica, e assim por diante – o iogue dos sonhos utiliza práticas diurnas de ioga dos sonhos para preparar o terreno para a prática noturna de ioga dos sonhos. Para ambos os estilos de prática, se você puder se tornar lúcido durante o estado de vigília e fizer disto um hábito, será muito mais fácil atingir a lucidez durante o sonho. No entanto, como vimos, o despertar que se busca na ioga dos sonhos – nas práticas diurna e noturna – inclui uma gama muito maior de experiências do que o sonho lúcido.

Padmasambhava, proficiente mestre indiano do século VIII, levou uma linhagem de ensinamentos clássicos sobre ioga dos sonhos para o Tibete. Mestre em todas as práticas do "veículo de diamante" budista, ou Vajrayana, muitos de seus ensinamentos foram passados para as gerações futuras como *terma* (termo tibetano traduzido como "tesouro"), escondidos no solo, em rochas sólidas, em lagos, e até mesmo nas mentes daqueles responsáveis por mais tarde descobrir esses tesouros, os chamados *tertöns*. Os ensinamentos de Padmasambhava sobre ioga dos sonhos oferecidos aqui surgiram como um terma – um ciclo de ensinamentos intitulado *Natural Liberation*, escondido como uma cápsula do tempo em uma rocha e desenterrado pelo tertön Karma Lingpa, seiscentos anos depois da época em que Padmasambhava viveu no Tibete. Os ensinamentos sobre as práticas diurnas e noturnas de ioga dos sonhos encontrados em *Natural Liberation* presumem um grau de estabilidade e vivacidade mentais que derivam do desenvolvimento do poder de concentração. Portanto, Padmasambhava tinha a opinião de que uma mente sutil e funcional, aperfeiçoada pela prática de *shamatha*, é indispensável para o sucesso na prática de ioga dos sonhos.

Para cair na realidade

Os ensinamentos de Padmasambhava sobre ioga dos sonhos começam com uma afirmação provocativa: "É desta forma: todos os fenômenos são inexistentes, mas parecem existir e são estabelecidos como sendo várias coisas". À primeira vista isso pode parecer um pouco chocante, ou até mesmo louco. Mas, se for tomado em seu contexto, faz sentido. Ao dizer "inexistente", Padmasambhava não está falando de maneira niilista – ele não está dizendo que nada existe de forma alguma. Ao contrário, ele nos convida a mudar a nossa perspectiva, não apenas sobre os fenômenos nos sonhos, mas também sobre a experiência no estado de vigília. Ele está sugerindo que a nossa experiência normal de vigília é tão deludida e fantástica como a dos nossos sonhos. Esta é precisamente a visão de vacuidade que mencionei anteriormente, segundo a qual os fenômenos da experiência de vigília não são menos desprovidos de realidade objetiva e inerente do que os sonhos. Então, quando Padmasambhava afirma que fenômenos são não existentes – que não estão realmente ali – ele quer dizer que os fenômenos não existem por sua própria natureza, seja subjetiva ou objetivamente. Em outras palavras, os fenômenos existem de forma interdependente – seu surgimento à nossa consciência depende de uma multiplicidade de fatores, e não por terem uma realidade independente em si mesmos, por assim dizer. O fato de que os fenômenos surgem às nossas mentes e de que nós atribuímos a eles um rótulo convencional – de nuvem, copo, Colorado – não significa que eles são reais de maneira absoluta.

Embora a apliquemos normalmente de forma seletiva, a noção de interdependência não é de todo estranha ao nosso modo de pensar. Tome como exemplo uma "partida de tênis". A validade deste termo depende da existência de pelo menos dois jogadores adversários, uma quadra de tênis, uma rede, raquetes, bola de tênis e regras do jogo. Depende também dos jogadores compreenderem o jogo e serem fisicamente aptos e saudáveis o suficiente para jogar. Se qualquer um desses fatores interdependentes estiver faltando, não se pode ter o que normalmente se entende por partida de tênis.

Do ponto de vista da filosofia budista, a existência de todos os fenômenos condicionados exige três coisas: (1) causas e condições prévias (como os pais que eram as causas do nascimento dos jogadores de tênis, ou todo o trabalho e planejamento que foi realizado para a construção da quadra de tênis e a fabricação das raquetes e das bolas), (2) os componentes e atributos do fenômeno em si (a reunião dos jogadores, quadra, bola, raquetes, as regras do jogo e conhecimento para criar um jogo de tênis etc.), e (3) a designação conceitual que identifica os fenômenos que possuem esses componentes e atributos (nossos rótulos para este conjunto de objetos e eventos como uma "partida de tênis"). Vista dessa maneira, uma "partida de tênis" é apenas um rótulo, uma abstração. Você é capaz de assistir uma partida de tênis, mas você não consegue encontrar nenhum objeto independente que seja uma partida de tênis. Essa não é a sua natureza. É um fenômeno convencional – nós o rotulamos por convenção, mas não existe uma *partida de tênis* absoluta e fundamental que possa ser encontrada.

Podemos encontrar vários exemplos semelhantes, mas quando Padmasambhava ou outros budistas falam sobre "fenômenos" e os chamam de não existentes, eles se referem a tudo o que experimentamos com nossos modos normais de percepção[25]. Os fenômenos são tradicionalmente analisados em dois domínios: do eu pessoal ("interno") e de todo o restante – o mundo externo. Normalmente assumimos que nossos "eus" pessoais e os conteúdos do mundo externo existem realmente como entidades independentes. Assumimos que o mundo lá fora não desaparece quando os nossos olhos estão fechados e, com base nisso e em outras "provas", existe um mundo exterior totalmente independente de alguém que o observe. E nós certamente acreditamos que também somos reais de maneira absoluta. Quando falamos de "meu corpo", "minhas crenças", "minha casa" e "minha esposa", imaginamos que a pessoa que possui todas essas coisas é um "eu" real.

---

25. Note que Padmasambhava apresenta uma visão budista particular relacionada às escolas Dzogchen e Madhyamaka, e apesar de existirem outras filosofias budistas, é esta a visão que estamos enfatizando aqui.

No entanto, se examinarmos cuidadosamente esta situação, descobriremos que tanto o eu pessoal quanto o mundo exterior são não existentes, no sentido em que Padmasambhava usa este termo. Lembre-se que vacuidade corresponde a um "não encontrar" algo que você está procurando. Se procurarmos um eu pessoal autônomo, independente e absolutamente real, o que encontraremos? Quem ou o que é este eu? Se você apontar para o seu corpo, veja que este é designado "corpo", e não "eu". Nós normalmente pensamos em nós mesmos como sendo mais do que o nosso corpo, e portanto podemos dizer que o eu está no corpo ou que o eu é o dono do corpo (como na expressão bastante comum "meu corpo"). Mas se o eu está no corpo, então exatamente em que lugar do corpo? Se você apontar para o peito e disser: "está no meu coração", pode ter certeza de que nenhum cirurgião cardíaco jamais viu um eu ali durante uma cirurgia. E se você disser que o seu eu está em seu cérebro – assumido como o centro do pensamento e o espaço aparentemente centralizado, situado entre os seus principais órgãos sensoriais – da mesma maneira, nenhum neurocirurgião jamais encontrou um eu nesse lugar.

Você pode retrucar argumentando que esta é uma visão simplista do eu e que nós realmente existimos como algo mais complexo e sofisticado – alguma espécie de configuração ou conjunto de partes do corpo e pensamentos, memórias e emoções neuronalmente produzidos. Mas ao afirmarmos essa ideia, temos que voltar ao conceito budista de interdependência. Causas e condições prévias (seus pais, o Planeta Terra etc.) contribuíram para a criação do seu corpo; os componentes e atributos do corpo e da mente (pensamentos, emoções e atividades físicas) forneceram o conjunto que é a base de designação do eu, que possui esses componentes e atributos – *meus* pensamentos e opiniões, *meu* corpo, *minha* habilidade como jogador de tênis, e assim por diante. O "eu" do "meu corpo" é uma mera designação – um rótulo. Ao longo de milênios, os filósofos budistas têm buscado evidências de um eu pessoal absoluto, de forma sistemática e cuidadosa. Nada foi encontrado. Contemplativas budistas treinam durante muitos anos, procurando por este eu e vendo se há alguma evidência experimental de sua existência.

Utilizando a mesma análise, descobrimos que os objetos do mundo exterior, grandes e pequenos, também são não existentes, no sentido em que Padmasambhava usa o termo. Considere um "átomo". A palavra teve origem na Grécia Antiga. Demócrito (século IV a.C.) propôs o átomo como sendo a menor partícula da matéria e o tijolo do universo material. Muito mais tarde a ciência descobriu experimentalmente que o átomo era composto de "partículas subatômicas", e estas partículas foram então consideradas os verdadeiros tijolos do universo – os átomos do átomo. Mas novas experiências, especialmente a partir de 1900, com o advento da Física Quântica, mostraram que a existência e a natureza destas partículas dependem, em parte, do pensamento humano que teorizou sua existência e determinou como deveria ser mensurada. Por exemplo, uma partícula subatômica como um elétron pode se apresentar como uma partícula em um tipo de experiência e como uma onda em outro. É a mente do cientista que projeta estas experiências, estes métodos de medição. Mas partículas e ondas são fenômenos totalmente diferentes – sendo assim, o que se pode dizer sobre o elétron? Será que ele existe? E se existir, como ele existe? Como disse o físico pioneiro Werner Heisenberg: "O que observamos não é a natureza em si, mas a natureza exposta ao nosso método de questionamento".

Esta peculiaridade do elétron não é um caso único e isolado. A principal corrente da Física aceita que os componentes básicos do universo material têm essa qualidade nebulosa, semelhante ao sonho. Dessa maneira, o "átomo" se torna, assim como o eu pessoal, uma entidade que se relaciona de forma interdependente com causas e condições prévias, componentes e atributos dos fenômenos observados, e mais importante, com uma designação conceitual – rotulação, medição e experimentação que envolve uma lista crescente de partículas subatômicas e seus comportamentos muitas vezes desconcertantes. E se as partículas subatômicas do átomo não são fundamentais, se não têm existência absoluta, então a realidade objetiva de toda a matéria supostamente composta por átomos – o universo inteiro – pode ser questionada.

Mas não precisamos basear nossa compreensão da não existência do universo nas complexidades da Física Moderna. Podemos tomar qualquer objeto comum e chegar à mesma conclusão. No capítulo anterior, fizemos uma análise superficial de uma xícara de chá. Desta vez, vamos olhar com mais detalhes um outro objeto comum – um lápis, por exemplo. O lápis é real? Será que existe por si só como um lápis ou este é apenas um rótulo que aplicamos a um conjunto de coisas? Damos esse rótulo a objeto tubular, fino, feito de madeira, com um centro de grafite. Normalmente existe uma borracha em uma das extremidades. Conforme o lápis é usado, ele se torna cada vez menor. E a borracha também é gasta, muitas vezes desaparecendo por completo. Pode chegar a um ponto em que a sua identidade funcional "um instrumento de escrita" – não exista mais. Quando pedimos um lápis e nos entregam um lápis sem ponta, podemos reclamar: "Isto não é um lápis! Dê algo com o que eu possa escrever". A "lapicidade" evaporou? Para onde? Poderíamos também dizer que o que nós chamamos de lápis é apenas um breve momento na longa história de um pedaço de madeira e dos minerais. Anteriormente, o lápis era uma parte de uma árvore e um pouco de grafite na terra sob a forma de carvão, um pouco de metal ainda não extraído e nem refinado e um pouco de borracha em uma seringueira ou um pedaço de borracha sintética, que pode ter vindo do petróleo, das profundezas da terra. Mais tarde, esse conjunto, temporariamente rotulado como "lápis", vai se desintegrar em poeira, fungos, minerais e gases.

A árvore, o carvão, o metal, e assim por diante – juntamente com todo o processo da história e da fabricação do lápis –, constituem causas e condições anteriores ao lápis. Seus componentes e atributos são o conjunto de materiais que compõem o lápis e sua utilidade como instrumento de escrita. E é conceitualmente designado "lápis" – um objeto que possui tais componentes e atributos. Mas, é claro, não há nada realmente ali que *possui* isso tudo. A madeira, o grafite, e assim por diante, não possuem nada. O lápis existe apenas para a mente que rotula e apreende o objeto como tal. Se as civilizações futuras desenterrarem um bom lápis, com uma ponta bem-feita, poderão designá-lo como uma arma. Portanto, o lápis e todos os outros objetos físicos, são não existentes – vazios de existência inerente. Sua existência é unicamente convencional, interdependente; eles dependem de um conjunto de outros elementos reunidos e designados – rotulados – por uma mente.

Além disso, não podemos nos ater aos componentes dos objetos dizendo que, uma vez que *estes* são reais, o que eles constituem deve ser real. A madeira é um conjunto de fibras de celulose e produtos químicos compostos de moléculas que podem ser analisadas até o nível subatômico – que, como vimos, tem apenas uma existência condicional. O mesmo vale para o grafite, para o metal e para a borracha. Agora, podemos começar a vislumbrar a "realidade" como algo muito menos substancial do que normalmente assumimos. Os fenômenos – internos e externos – parecem ser magicamente trazidos à existência por seus rótulos.

É neste sentido que Padmasambhava afirma que fenômenos são não existentes. No entanto, mesmo que não sejam reais, as aparências surgem e são estabelecidas, designadas e apreendidas como sendo várias coisas. Podemos comparar este processo à forma como os fenômenos do sonho parecem ser reais para aquele que tem um sonho não lúcido e deludido, e que são reconhecidos como não existentes no momento em que o sonhador se torna lúcido ou desperta. O sonho lúcido nos chama a despertar dentro de nossos sonhos noturnos para nos tornarmos conscientes de que a persona onírica que pensamos ser, junto com todos os outros fenômenos do sonho, são ilusórios. A ioga dos sonhos nos pede para irmos além, para despertarmos para a verdadeira natureza de uma situação análoga que erroneamente chamamos de "realidade" no estado de vigília.

O processo de delusão

Padmasambhava continua seu preâmbulo às instruções para as práticas diurnas de ioga dos sonhos: "Aquilo que é impermanente é apreendido como permanente e aquilo que não é verdadeiramente existente é apreendido como verdadeiramente existente". Em outras palavras, nós reificamos – tornamos real para nós aquilo que não é real. Isso poderia ser chamado de o primeiro e o primordial sinal de sonho do budismo: se estiver reificando, você está sonhando. No entanto, se você despertar para esse processo – se puder ver como está criando a ilusão de fenômenos verdadeiramente existentes e permanentes – você estará no caminho para ver as coisas como são, no caminho para a iluminação. A ênfase está em descobrir o processo pelo qual nos iludimos.

Sempre que o desejo ou a hostilidade brotam dentro de nós, pode ser muito interessante observá-los, vê-los surgir, observar o objeto pelo qual há apego ou hostilidade, e, em seguida, perguntar a nós mesmos: "Como é que este objeto – uma pessoa, um lugar, uma coisa, uma situação, seja o que for – surge aos olhos da mente, como eu o apreendo?" Veja se acaso você está apreendendo esse objeto como se fosse algo que existe por e em si mesmo – retirado de seu contexto por conta de sua própria aparente natureza intrínseca. Nesse momento, é este o alvo, o foco de sua mente – este objeto "real"? E se esse for o caso, reconheça que está sonhando. Porque esse alvo não existe da forma como você o apreendeu. Você está hipnotizado por suas próprias suposições sobre o objeto. Seu foco está limitado e é essencialmente uma invenção. O termo técnico para isso no budismo é *fixação*.

Este tipo de delusão é comum, tanto nos sonhos quanto na realidade do estado de vigília. Um exemplo é a forma como muitas vezes descontextualizamos as pessoas que surgem para nós, tanto nos sonhos quanto nas situações durante o dia. Vemos alguém, observamos seu comportamento, algumas vezes, interagimos com essa pessoa e saímos com a opinião de que essa pessoa é "inteligente", "atraente", "estúpida", "feia" ou "um idiota". Tomando este último atributo como exemplo, se esta pessoa aparecer em um sonho ou durante o dia, ele ou ela parece ser intrinsecamente idiota. A pessoa surge permeada com a qualidade de idiotice – características inerentes que são apenas apresentadas para nós e que nós passivamente reconhecemos. É como julgar o livro pela capa.

Mas nós ainda não lemos o livro. Se analisarmos um pouco, descobriremos que o verdadeiro contexto dessa pessoa é imensamente complexo. Por exemplo, esta pessoa pode ter pais que pensam que ela não é idiota, mas sim uma pessoa adorável. Muitas outras pessoas podem não ver essa pessoa como um idiota. A pessoa que você percebe como sendo um idiota, provavelmente, não concebe a si próprio como um idiota. E se você conhecer melhor essa pessoa, ao longo do tempo, até mesmo as qualidades que você considera idiotas poderão ser percebidas de uma maneira diferente. (Por outro lado, não há dúvida de que há pessoas que pensam que *você* é um idiota – e você provavelmente não concordaria.)

Obviamente, quando acordamos de um sonho não lúcido a respeito de um idiota, a realidade dessa situação desaparece como fumaça. Uma vez que a pessoa com a qual sonhamos era não existente, o rótulo de "idiota" era também imaginário. Quando vemos pessoas de maneira assim estreita, seja em sonhos ou na realidade do estado de vigília, nós invariavelmente as descontextualizamos – colocando rótulos absolutos onde não existe nada absoluto. O verdadeiro contexto para todas as pessoas e objetos é a interdependência. A condição de sonho, seja à noite ou durante o dia, inclui uma forma de ignorância em que podemos facilmente interpretar mal as aparências. O sonhar nos convida a nos tornarmos deludidos. Podemos seguir o fluxo ou despertar – exatamente em meio ao sonho, procure verificar e perceber que o surgimento de um objeto, da forma como o percebemos, é ilusório, embora pareça ser intrinsecamente real.

Em termos do nosso modo normal de compreensão da realidade, analisar os fenômenos desta forma vira tudo do avesso. Mas mesmo que estejamos, neste momento, completamente convencidos de que "todos os fenômenos são não existentes", a nossa compreensão é apenas conceitual. No budismo tibetano, o entendimento conceitual é comparado a um remendo na roupa, que mais cedo ou mais tarde acaba caindo. Habituar-se às práticas diurnas da ioga dos sonhos permitirá que o nosso entendimento se aprofunde e nos preparará para um despertar que abarcará tanto o dia quanto a noite. Segundo Chagdud Tulku Rinpoche – um dos lamas tibetanos mais importantes que ensinaram no Ocidente –, "A ioga do sonho como um todo se baseia na atenção unifocada que o praticante é capaz de manter sobre o caráter ilusório da experiência durante o dia"[26].

A prática do corpo ilusório

"Considere", continua Padmasambhava, "que uma vez que todas estas coisas, que são desprovidas de permanência, esta-

---

[26]. Extraído de um retiro de ioga dos sonhos conduzido por Chagdud Rinpoche em 1996, em Monterrey Park, Califórnia.

bilidade ou imutabilidade, não têm natureza inerente, elas são como ilusões". Como são as ilusões? Elas parecem existir, mas não estão realmente onde se manifestam. Já examinamos o nosso eu pessoal, o átomo, o "idiota" e um objeto comum como o lápis. E talvez você concorde com a afirmação de que, quando analisados, esses objetos têm uma qualidade ilusória: eles parecem existir de forma independente, intrinsecamente, mas não existem dessa maneira. Nós assumimos que eles existem, mas não podemos defini-los com nenhum grau de exatidão. Nós temos a ideia de um eu pessoal em nossas mentes, mas fenomenologicamente, isto é, em termos da nossa experiência direta, não conseguimos encontrar nenhuma entidade independente que corresponda à nossa concepção desses objetos. Padmasambhava agora nos pede para vermos a realidade de vigília de uma nova maneira: a cada momento, em cada situação, com cada pessoa, veja tudo o que surge como não sendo permanente, não sendo imutável, e não sendo inerentemente existente, mas surgindo como ilusões, manifestando-se como um sonho.

Se parecer uma coisa maluca de se fazer – dizer: "Isto é uma ilusão" sobre tudo aquilo que surgir na sua experiência – considere que a neurociência moderna, assim como a Física, apoiam esta afirmação. Toda informação que surge aos nossos sentidos parece vir "lá de fora". Anteriormente, mencionamos o fato de que as cores que percebemos no mundo exterior na verdade não existem objetivamente, de forma independente da percepção. As moléculas que compõem os objetos materiais não têm cor. Os fótons que atingem as nossas retinas são incolores, e os neurônios no córtex visual não assumem as cores que são percebidas. Portanto, as cores que percebemos não existem no espaço físico – não estão nos objetos, nem no espaço entre os órgãos dos sentidos e os objetos, e nem no cérebro. De um ponto de vista budista, as cores e tudo aquilo que surge aos nossos sentidos físicos e à nossa percepção mental surgem do substrato. As condições auxiliares de aprendizagem, memória, imaginação, juntamente com os processos eletroquímicos que ocorrem no nervo óptico, precisam ser combinados para produzir a aparência subjetiva que chamamos de "vermelho". As rosas vermelhas não são vermelhas em si mesmas, à espera de serem passivamente percebidas por nós. De acordo com o proeminente neurologista Antonio Damasio, "Não há nenhuma imagem sendo transferida de um objeto para a retina e da retina para o cérebro"[27]. E é bem possível que outros tipos de retinas, nervos ópticos, córtices visuais e mentes condicionadas, tais como as das abelhas, dos morcegos, ou dos ursos, deem origem a uma experiência completamente diferente daquela que chamamos de rosa vermelha. Qual é a "real" rosa vermelha? Não há. A rosa vermelha é uma ilusão. Da perspectiva da neurociência moderna, isto também é verdadeiro para os objetos dos outros sentidos. Então, quando nós fechamos os olhos, o mundo, tal qual o vemos, *de fato* desaparece. Algo é visto pelos outros, mas não é precisamente o que nós vemos. E se esses outros são de outras espécies, esse algo pode ser totalmente diferente.

No Dhammapada, o Buda diz: "A mente precede todos os fenômenos". Podemos interpretar que a mente à qual ele se refere é a consciência substrato, o *continuum* de consciência re-

---

[27]. DAMASIO, A. *The Feeling of What Happens*: Body and Emotion in the Making of Consciousness. Nova York: Harcourt, 1999, p. 321.

pleta de tendências latentes, impressões, memórias, modos habituais de percepção, e assim por diante. A mente precede os fenômenos no sentido de que os fenômenos são condicionados pela consciência substrato. Ela filtra tudo, ou quase tudo, que nós percebemos. Quando despertamos do sono, se diz que a paisagem noturna dissolve no substrato. E, da mesma forma, quando dormimos a paisagem diurna se dissolve no mesmo espaço. Note que são as aparências, e não fótons ou ondas sonoras, que se dissolvem no substrato. Fótons, ondas sonoras e outros são entidades teóricas da ciência que não podemos perceber diretamente e, portanto, existem de forma relativa aos sistemas de medição pelos quais são detectados e às mentes que os concebem. E, como demonstrado pelos nossos sonhos, o substrato é um dínamo que cria um ambiente após o outro. Todo o mundo de sujeitos e objetos no qual estamos inseridos – que nós chamamos de "vida" e que o budismo chama de samsara – surge do entrelaçamento e da complexa conglomeração de substratos mútuos.

Lembrando novamente o que Stephen LaBerge diz de forma tão astuta: "A consciência do sonho é a consciência da vigília sem limitações físicas. A consciência da vigília é a consciência do sonho com limitações físicas". O cerne da questão é: O que são limitações físicas? Qual é a sua natureza? Os pesquisadores de sonhos lúcidos, com sua orientação científica, aceitam essas limitações como sendo reais. Ou, se não são reais de forma absoluta, têm, no mínimo, natureza diferente daquela dos fenômenos do sonho noturno – são "mais reais" do que os nossos sonhos. Mas Padmasambhava, e o mundo do Budismo Vajrayana que ele representa, veem todos os fenômenos como semelhantes aos sonhos – vazios de qualidades absolutas e fixas. Alguns grandes praticantes budistas (e de outras tradições), ocasionalmente, demonstram este fato em público. Foi-nos contado que alguns tërtons podem retirar textos e objetos sagrados de rochas, como se estas fossem massa de vidraceiro. Padmasambhava deixou suas pegadas na rocha. Lamas tibetanos da atualidade deixaram marcas de pés e de mãos em rochas e fincaram varas de madeira através do mesmo material. Esses "milagres" são por vezes realizados diante de um grande número de pessoas, por praticantes capazes de alterar a realidade de vigília, da mesma forma como os sonhadores lúcidos alteram a realidade de sonho. A questão não é demonstrar "poderes esotéricos", mas instilar a fé de que o mundo dos sonhos pode se estender para além da noite, naquilo que nós consideramos "sólida realidade"[28]. Mas, para tornar a nossa compreensão conceitual da "não existência dos fenômenos" uma realidade em nossas vidas, devemos fazer o que esses seres extraordinários têm feito: praticar.

A prática

Padmasambhava nos deu a instrução específica e essencial para a prática diurna da ioga dos sonhos: "Neste momento, imagine vigorosamente que seu ambiente, cidade, casa, companheiros, conversa e todas as atividades são um sonho; e até mesmo diga em voz alta: 'Isto é um sonho'. Continuamente imagine que isto é apenas um sonho". Outro ensinamento budista tibe-

---

[28]. Para relatos vívidos de tais manifestações que parecem quebrar as leis da física, cf. *Blazing Splendor*: The Memoirs of Tulku Urgyen Rinpoche. Boudanath, Nepal: Ranjung Yeshe Publications, 2005.

tano sobre a prática diurna da ioga dos sonhos[29] detalha estas instruções, incentivando o aluno a "estabelecer o equilíbrio meditativo unificado na consciência: 'Eu adormeci. Esta aparência é um sonho. É uma ilusão'". Além disso, você deve "posicionar sua consciência em um espaço não conceitual, sem focar em nenhum lugar. Então, direcione sua mente para todas as aparências de si mesmo e de outros e pense: 'Todos estes são apenas aparências. Eles não são reais'. Praticando continuamente dessa forma, em todos os momentos durante e após a meditação formal, as aparências sempre parecerão desprovidas de existência real e de medo". Agora fica claro por que a determinação e a concentração derivadas da prática de *shamatha* são essenciais para o êxito na prática diurna da ioga dos sonhos.

Esta prática aponta diretamente para a principal diferença entre as práticas diurnas de sonhos lúcidos e da ioga dos sonhos. Se durante o dia você completar uma dezena de verificações de estado, e nas dez vezes consecutivas o seu relógio digital informar a mesma hora quando desviar os olhos e olhar novamente – no que diz respeito a sonhos lúcidos, você pode ter 99% de certeza de que não está sonhando. E ainda assim Padmasambhava sugere que mesmo que esteja certo de estar "desperto", você deve dizer a si mesmo que está sonhando. Padmasambhava não está nos convidando para a prática de uma ilusão autoinduzida. Ele está nos pedindo para puxar o tapete que está sob a nossa perspectiva habitual do que estamos experimentando. Ele

---

29. DHARMA SHRI, L. "Releasing Oneself from Essential Delusion – Notes on the Written Instruction in the Vajrasattva Mind Accomplishment of Dreams". In: RINPOCHE, G. *Meditation, Transformation, and Dream Yoga*. Ithaca, NY: Snow Lion Publications, 2002 [Trad. de B.A. Wallace e S. Khandro].

está reformulando o significado de estar desperto e tornando este o foco da prática diurna.

Voltando ao exemplo de um sonho não lúcido: enquanto estiver operando a partir da premissa de que você é a pessoa no sonho – a persona no sonho – você ficará preso a esse ponto de vista. Se for isso que você acha que realmente é, você terá ratificado a não lucidez do seu sonho. Você estará trancado em seu papel ilusório. Se um companheiro perceber que você está sonhando – talvez por ver que você está se movendo, virando e resmungando e por observar o chamado movimento rápido dos olhos (REM) – ele poderá sussurrar em seu ouvido: "Você está sonhando".[30] E, assim como este companheiro, Padmasambhava está lhe pedindo para ver o sonho, não a partir da perspectiva da persona deludida no sonho, mas, de maneira figurada, da perspectiva daquele que está dormindo e sonhando na cama. Ele está sugerindo que você veja a realidade de vigília a partir da perspectiva da natureza de buda. Em dada ocasião, perguntaram ao Buda: "Você é Deus, um ser celestial, um espírito, ou um homem?" Ele respondeu: nenhuma dessas opções, "Eu sou o desperto "[31].

Do ponto de vista do Dzogchen, a instrução de Padmasambhava é para tentarmos ver a realidade como ela realmente é.

---

30. Esta prática é ocasionalmente utilizada na tradição tibetana, um sistema de parceria, onde, no final da noite, um companheiro sussurra em seu ouvido através de um canudo enrolado de papel: "Isto é um sonho". Stephen LaBerge desenvolveu um apoio técnico para alcançar a lucidez chamado *Nova Dreamer*. Este dispositivo, semelhante a uma máscara, é capaz de detectar quando a pessoa está em sono REM e, em seguida, emitir sons e luzes que alertam o sonhador de que ele ou ela está sonhando.

31. Extraído de *Dona Sutta*: With Dona (AN 4.36). Traduzido do pali por Thanissaro Bhikkhu. *Access to Insight*, 03/07/2010.

Devemos ver não só o mundo exterior, mas nossos próprios corpos como fenômenos de sonho. Como preparação para a prática noturna de ioga dos sonhos, praticamos as instruções sobre o corpo ilusório – ver o corpo como simplesmente uma matriz de ilusões. O corpo e seus constituintes são vistos como nada mais substancial do que um reflexo no espelho[32]. Uma vez que ainda não alcançamos a consciência primordial, usamos o poder da imaginação. Então "imagine vigorosamente", estando completamente lúcido no estado de vigília. Fazer isso é um grande passo para realmente se tornar lúcido. Ao colocar a imaginação em algo com o qual o ajuste é perfeito – afinal, pode ser que você esteja de fato sonhando – fingindo ver as coisas como elas realmente são, você cria um modelo que coincide com a realidade. Em seguida, sua imaginação pode se estender, quebrar as barreiras que estão impedindo você de ver o que já está lá – que você está sonhando. E a partir de uma perspectiva budista, a partir da perspectiva da consciência prístina, da consciência primordial, a realidade da vigília não é apenas "*semelhante* ao sonho", *é* um sonho. Então, agora vamos tentar realmente despertar daquilo que normal e erroneamente chamamos de estado desperto.

Consciência primordial

Na prática noturna do sonho lúcido, quando somos capazes de dizer em meio a um sonho: "Estou sonhando", a referência para "eu" emerge da consciência substrato. Este é seu lócus.

---

32. Na prática do corpo ilusório, todas as aparências, e não apenas as do corpo físico, são consideradas como sendo ilusões. Para uma introdução a essa prática, consulte *Natural Liberation*.

Este é o "eu" comum, convencional. Mas qual é o referente de "eu" quando dizemos – de forma autêntica, com pleno entendimento – "Eu estou sonhando" na prática diurna de ioga dos sonhos? Quem ou o que está sonhando, deludido com respeito à realidade da vigília? Esta realidade de vigília está sendo sonhada pela consciência primordial. Esta é a razão para o que é dito no Vajrayana, de que todas as aparências visuais são o corpo da deidade, todos os sons são a fala da deidade e todos os pensamentos são a mente da deidade. A deidade, é claro, é completamente iluminada – é uma manifestação da mente iluminada. E no Dzogchen é dito que todos os seres já são iluminados e os bilhões de universos são uma terra pura de buda. Em essência, não somos seres sencientes comuns, mas seres iluminados que não conseguem reconhecer esse fato. É como no velho ditado tibetano: "Apesar de o sol estar sempre brilhando, as nuvens adventícias escondem-no da nossa visão".

A realidade da consciência primordial, ou consciência prístina, é, naturalmente, algo que pode ser conhecido. Mas não simplesmente observando as aparências com cuidado, nem pelo poder da lógica, inteligência, investigação, e assim por diante. Poderia se dizer que ela pode ser conhecida pelo poder da *fé* – mas isso pode nos levar a dificuldades semânticas. É um conhecimento que não é simplesmente um saber empírico por meio dos sentidos, nem por meio de inferência, mas um conhecimento que é imediato, que não é mediado, e não conceitual – *intuitivo*. É a experiência da consciência prístina conhecendo a si mesma.

Gostaria de resumir a instrução fundamental de Padmasambhava para a prática diurna da ioga dos sonhos da seguinte maneira: com o poder da sua intuição e da sua imaginação retorne continuamente à perspectiva a partir da qual é verdadeiro dizer: "Isto é um sonho". Sustente isso. Gradualmente esta prática irá quebrar as barreiras entre a sua mente dualista normal e a consciência prístina. Assim, a prática diurna da ioga dos sonhos é movida pelo poder da intuição e sustentado pelo poder da atenção plena.

7
Prática noturna da ioga dos sonhos

Motivação

"Quando você for se deitar à noite", diz Padmasambhava, "cultive a bodicita, pensando: 'Para benefício de todos os seres, por todo o espaço, praticarei o samadhi semelhante ao sonho [ioga dos sonhos] e alcançarei o perfeito estado de buda. Com essa intenção, treinarei no sonho'". Isto nos dá um senso de propósito. Qual seria a motivação mais significativa para treinar ioga dos sonhos? Experimente esta: para benefício de todos os seres levando-os à iluminação. No contexto do Vajrayana e do Dzogchen existe apenas uma motivação adequada, e esta é a bodicita. A aspiração é a mais elevada e as palavras são enfáticas: "Atingirei o perfeito estado de buda". Nós não estamos dizendo, "Oh, darei o meu melhor e espero não morrer antes".

Esta motivação elevada traz consigo algumas questões bem abrangentes. Você é capaz de realmente se dedicar a alcançar bodicita – com tudo o que isso implica – mantendo o pressuposto de que, quando você morrer, tudo se perderá? Eu não vejo como isso poderia ser realista, a menos que você esteja quase lá – quase desperto quando começar esta prática – ou que você reduza bodicita à mera frase de efeito "que todo mundo possa ser feliz". Parece que a hipótese de trabalho da reencarnação – de que podemos nos impulsionar a continuar esta prática, este trabalho, em vidas futuras se necessário – seria muito útil, se não essencial, para podermos fazer com seriedade a afirmação que Padmasambhava nos pede para fazer.

Isto me faz lembrar uma história real do meu Professor Gen Lamrimpa, que chegou à Índia como um monge muito pobre na década de 1960, logo após a invasão do Tibete pelos comunistas chineses, que iniciaram uma repressão brutal do budismo. Ele chegou a uma pequena cidade chamada Dehradun no norte da Índia, aos pés do Himalaia. Lá ele descobriu que, entre os refugiados tibetanos da aldeia, havia vários mestres e praticantes altamente realizados. Embora muitos deles tivessem mal escapado com suas próprias vidas, com poucas posses e recentemente exilados de sua terra natal, do ponto de vista da prática espiritual, esta era uma reunião rara de indivíduos – um tesouro para um praticante sincero do Darma.

Mas além de Gen Lamrimpa não ter dinheiro, ele também não tinha lugar para viver e nem para praticar. Até mesmo as cavernas ao redor da aldeia estavam ocupadas pelos iogues – "Não há vagas!" Então, Gen Lamrimpa encontrou não propriamente uma caverna, mas uma rocha saliente. Esta é uma área onde chove muito durante a maior parte do ano e, portanto, sua nova casa não oferecia muito em termos de abrigo. Mas sob sua rocha ele se sentou para praticar. Ele descobriu que o governo dos Estados Unidos estava dando um saco de farinha por mês aos refugiados tibetanos, e isto era tudo o que ele comia. Durante três ou quatro anos, era essa a sua situação: uma rocha saliente e um saco de farinha. Tempos depois ele me disse que estes foram alguns dos dias mais felizes de sua vida. Então, surge a pergunta: Alguma pessoa faria o que Gen Lamrimpa fez, sem ter uma visão de mundo que fizesse disso uma empreitada imensamente significativa – algo que fosse significativo não apenas nesta vida, mas em vidas futuras, de modo que todo o tempo gasto na prática árdua tivesse sequência e que qualquer tarefa inacabada nesta vida pudesse continuar na próxima?

Se a pessoa não tiver essa visão de mundo e acreditar que no final da vida viria a aniquilação, será como dizer a um homem de negócios que ele pode gastar seu tempo e energia para desenvolver o seu negócio, mas que a qualquer momento, querendo ou não, irá à falência. Quanta energia você teria para alcançar seu objetivo, se essa fosse a sua hipótese de trabalho (em oposição a entrar de corpo e alma em um negócio sabendo que beneficiaria seus filhos e netos)? Tomar bodicita com essa seriedade como motivação para a prática de ioga dos sonhos tem desdobramentos importantes que você deveria investigar.

Prática

As instruções continuam: "Então, quando se deitar, repouse sobre o seu ombro direito, com a cabeça apontada para o norte, sua mão direita sob o seu rosto, e a esquerda colocada sobre a sua coxa. Imagine nitidamente seu corpo como sua deidade pessoal". Esta posição é chamada de a postura do leão adormecido. Se você não puder colocar sua cama apontando para o norte, ou se estiver viajando e dormindo em hotéis, simplesmente imagine que você está voltado para o norte. Isso será suficiente. O termo "deidade pessoal" é a tradução da palavra tibetana *yidam*. Pode ser uma deidade, como Vajrasattva, Tara, ou Padmasambhava, ou pode ser seu próprio mentor espiritual principal, seu guru. Você pode se imaginar como Padmasambhava, o Dalai-Lama, o Karmapa, ou como outros grandes mestres, como Düdjom Rinpoche ou Dilgo Kyentse Rinpoche. Portanto, use qualquer forma arquetípica ou manifestação do Buda, expressando simbolicamente as qualidades de buda que mais profundamente reverberam em você, e imagine-se dessa forma – imagine o seu corpo como sendo seu próprio yidam. (Ou você pode usar como seu yidam alguma outra figura espiritual em quem você encontre inspiração. Se você for um cristão, você pode usar Jesus Cristo ou alguém como São Francisco de Assis. Personalidades inspiradoras de grande integridade espiritual podem ser encontradas em todas as religiões do mundo, assim como em contextos seculares.) "Se a sua visualização não for clara", continua Padmasambhava, "estabeleça o orgulho de pensar: 'Eu sou a deidade pessoal'".

Deidades

A prática de deidades pode ser considerada o coração do Budismo Vajrayana. A prática formal de meditar sobre uma deidade pessoal é extremamente complexa. Em termos gerais, o praticante memoriza visualmente a forma da deidade incluindo os trajes da deidade, os acessórios e gestos (*mudra*). Cada uma delas tem um significado especial. Por exemplo, a pena de abutre no topo do chapéu de Padmasambhava significa que sua visão é a mais elevada. Suas três vestes (uma túnica interna e outra externa sob uma capa) representam seu domínio do Shravakayana (o veículo da liberação individual), do Mahayana e do Vajrayana; e assim por diante. Então, o praticante esvazia-se essencialmente de qualquer referência à sua personalidade ordinária e visualiza seu corpo como o da deidade. Usando o "orgulho divino"[33], o praticante afirma sua identidade como sendo a da deidade. O mundo exterior é visto como a *mandala* da deidade, tipicamente contendo um palácio com quatro entradas simétricas guardadas por protetores, cercado por símbolos auspiciosos, círculos de proteção e outros números e símbolos. Pessoas no mundo exterior são vistas como seres completamente iluminados[34]. Idealmente, todas as formas físicas são reconhecidas como o corpo da deidade, todos os sons como sua fala iluminada e todos os pensamentos como a sua mente iluminada. A visualização como um todo representa o universo visto como uma terra pura de buda, possuindo todos os atributos da iluminação.

É essencial aqui, como em toda a prática de deidade, abandonar o senso comum de identidade. Isto é realizado primeiramente percebendo que o seu senso normal de eu é vazio – ele é construído e artificial – um castelo de cartas que desaba quando examinado de perto. Podemos fazer isto usando o modelo de análise apresentado anteriormente, que revela a "não existência" dos fenômenos, juntamente com a concentração estável desenvolvida na prática de shamatha. A partir desse domínio de vacuidade da existência inerente você surge sob a forma da deida-

---

33. Orgulho divino significa manter a consciência de ser realmente a deidade e de possuir todas as qualidades iluminadas da deidade. A confiança nesta identidade libera das limitações do nosso senso mundano de eu. Esta prática vai além de um mero disfarce porque, ao final, o praticante irá adquirir as qualidades da deidade e o significado da prática da deidade ficará claro.

34. Para uma explicação detalhada da mandala budista tibetana, cf. LEIDY, D.P. & THURMAN, R. *Mandala*: The Architecture of Enlightenment. Nova York: The Overlook Press, 2006.

de, assumindo a identidade da deidade. Visualizando-se como a sua deidade pessoal, imagine que você possui as qualidades da iluminação perfeita corporificadas pelo seu yidam. Ao fazê-lo, você transforma a si mesmo e seu ambiente em um modelo da consciência iluminada[35].

As instruções específicas de Padmasambhava para adormecer sugerem que você "imagine que em seu travesseiro sua cabeça está descansando no colo de seu mentor espiritual principal, e concentre vividamente sua atenção em Orgyen Padma [Padmasambhava] em sua garganta, no tamanho da porção superior de seu polegar, com um semblante sorridente e radiante, e que ainda que esteja surgindo, é desprovido de natureza inerente". A imagem que você visualiza aparece nitidamente em sua garganta, mas é transparente como um arco-íris. Então, mentalmente ofereça a súplica: "Abençoe-me, para que eu possa apreender o estado de sonho. 'Abençoe-me para que eu possa reconhecer o estado de sonho como estado de sonho'". Você reconhece sua própria natureza de buda como Padmasambhava em seu chacra laríngeo e faz surgir a sua consciência mais profunda para trazer clareza aos seus sonhos. Você não está recorrendo a alguém ou a algum poder externo para obter ajuda.

"Deite-se na postura do leão adormecido e gere um desejo poderoso de reconhecer o estado de sonho como estado de sonho". De uma forma muito semelhante à prática noturna do sonho lúcido, tome uma forte resolução, crie uma forte

---

[35]. *Introduction to Tantra*: The Transformation of Desire, de Lama Thubten Yeshe (Boston: Wisdom Publications, 2001), é uma excelente introdução à prática da deidade. Cf. tb. RINPOCHE, G. *The Generation Stage in Buddhist Tantra*. Ithaca, NY.: Snow Lion Publications, 2005 [Trad. de S. Khandro].

memória prospectiva – *Esta noite eu estou totalmente decidido a reconhecer o estado de sonho!* "E, fazendo desta forma, adormeça sem ser interrompido por qualquer outro pensamento". É aqui que uma prática de shamatha extensa seria indispensável, para permitir manter a determinação, a memória prospectiva, com uma mente estável e tranquila. "Mesmo que você não o apreenda na primeira tentativa, repita isso várias vezes e faça isso sinceramente com um poderoso anseio". É evidente que este é um plano desafiador: adormecer enquanto visualiza Padmasambhava em seu chacra laríngeo, tomando resoluções e mantendo a visualização, não permitindo qualquer interferência de outros pensamentos irrelevantes.

Normalmente, depois de nos deitarmos, permitimos que a mente perambule por todos os lugares por algum tempo e depois adormecemos, nesse estado de conversa interna semiconsciente. Portanto, temos que treinar para acalmar essa mente tagarela obsessiva, compulsiva e conseguir algum sossego para que possamos manter a nossa determinação, manter a memória prospectiva – com a mente muito relaxada e tranquila – e, em seguida, cair diretamente no sono.

Quando você se concentra em um dos chacras, a energia vital sutil converge para esse ponto. Durante o estado de vigília, as energias vitais convergem naturalmente para a cabeça, durante o sonho convergem para a garganta, e no sono profundo sem sonhos, convergem para o chacra do coração. Portanto, se quiser despertar em seus sonhos, concentre-se no chacra da garganta; assim, você estará concentrando as energias vitais de uma maneira que irá prepará-lo para entrar conscientemente no estado de sonho.

Para a maioria das pessoas, o maior desafio é manter a visualização enquanto adormece. Isso requer habilidades de atenção bastante sutis ou uma mente que, por natureza, seja extremamente relaxada. Na cultura tradicional tibetana, mentes calmas e relaxadas eram mais comuns. Era uma sociedade predominantemente rural e nômade – as poucas cidades eram pequenas e pacíficas em comparação com a metrópole moderna. Além disso, pela minha própria experiência, a prática de visualização é muito mais fácil em grandes altitudes, como as que são encontradas por todo o Tibete, "o telhado do mundo". Um dos meus professores tibetanos, em sua juventude, passava seus verões como pastor, em pastagens alpinas. Durante todo o dia ele não fazia nada além de observar o rebanho da família passeando preguiçosamente entre as gramíneas – seu único entretenimento era uma flauta de madeira. Com um estilo de vida como esse, não é tão difícil acostumar-se a ter uma mente relaxada e tranquila. Porém, se a sua mente é geralmente agitada – o que não é uma situação incomum para nós, no mundo moderno – desenvolver shamatha por meio de uma prática dedicada seria gratificante não só para realizar a ioga dos sonhos, mas também para melhorar um amplo espectro de atividades.

Existem alternativas mais simples de visualizações que podem ser utilizadas para entrar diretamente no sonho. Você pode imaginar um *bindu* vermelho – uma pérola de luz vermelha brilhante – em sua garganta. Pode-se visualizar também a sílaba *ah* branca, que simboliza a vacuidade. Você pode usar esta sílaba em letras tibetanas, em sânscrito ou a transliteração em inglês "ah". Mas a essência dessa prática é focar a sua consciência no chacra da garganta, visualizá-la nesse ponto – dar forma.

Ao fazer isso você cristaliza algo, sua consciência assume uma forma, convergindo as energias vitais para esse ponto. Quando você visualiza uma sílaba semente específica ou até mesmo ouve seu som, e produz estas formas arquetípicas, você não apenas canaliza a energia vital para esse chacra, como também configura essa energia para que seja útil na prática de ioga dos sonhos. As energias vitais ajudarão a trazer a sua consciência de vigília para baixo, da cabeça para a garganta, levando você o mais diretamente possível do estado de vigília para a consciência de sonho de forma lúcida. Essa é a finalidade deste procedimento.

Se você geralmente consegue adormecer com facilidade, mas ainda assim acha que manter uma visualização o impede de adormecer, você pode estabelecer a mente em seu estado natural na postura do leão adormecido e então dormir. Se conseguir manter a clareza de sua consciência enquanto começa a adormecer, você poderá entrar no estado de sono com lucidez. A partir daí você poderá emergir em um sonho, lúcido desde o início. Mas se você costuma ter dificuldade para adormecer, todas as práticas acima poderão mantê-lo acordado. Nesse caso, apenas observe suavemente as sensações de sua respiração e tenha uma boa noite de sono. Afinal, se não conseguir dormir, não poderá sonhar e, nesse caso, a ioga dos sonhos estará fora de questão!

Obstáculos

Mas o que você pode fazer se, após um período de dedicação à prática de ioga dos sonhos, se sentir bloqueado, sem conseguir acessar o mundo dos sonhos lúcidos? "Se o sonho não é apreendido... pode estar ocorrendo uma violação de seus compromissos tântricos e, portanto, dedique-se a tomar refúgio, cultivar bodicita, restabeleça [seus votos] por meio da confissão, da recitação do mantra de cem sílabas [da deidade Vajrasattva][36], da oferenda de *ganacakra*[37], evitando a contaminação e meditando como feito anteriormente". Aqueles que tomaram votos tântricos (em sânscrito, *samaya*), geralmente dados pelo mestre quando se recebe uma iniciação tântrica, devem verificar se algum desses votos foi quebrado. Se isso tiver ocorrido, poderá resultar em um bloqueio que o impedirá de avançar nessa prática. O bloqueio pode ser removido por uma prática de purificação adequada, como as mencionadas acima. Se você não for um praticante do Vajrayana, verifique se está mantendo um padrão ético elevado em suas relações consigo mesmo e com os outros. Se não, pode estar produzindo uma influência negativa sobre a sua prática e prejudicando a tranquilidade mental necessária para que a prática da meditação seja bem sucedida.

Embora algumas instruções para a prática noturna de ioga dos sonhos possam parecer assustadoras, podemos tomar uma abordagem mais prática para começarmos a avançar. Primeiro, reconheça o sonho. Use qualquer coisa que possa ajudar – as técnicas explicadas acima por Padmasambhava ou qualquer um dos métodos modernos de sonho lúcido que funcione para você. A questão toda é simplesmente tornar-se lúcido no sonho para que possa ter uma base para treinar qualquer atividade de ioga dos sonhos que você escolher. Em seguida,

---

[36] Este é um mantra comumente utilizado para purificação, que pode ser encontrado em muitos textos disponíveis sobre budismo tibetano.

[37] Um ritual de oferenda para purificação de carma negativo.

para poder praticar de forma tranquila e eficaz, mantenha a estabilidade e a vivacidade do reconhecimento de estar sonhando, e mantenha também a estabilidade e a vivacidade do próprio sonho. Com que profundidade você é capaz de reconhecer o sonho como sonho, em termos de nitidez? Existem variados graus de lucidez. Você é capaz de reconhecer o sonho tão claramente a ponto de caminhar em direção a uma parede de granito e atravessá-la? Aqui, mais uma vez podemos constatar a relevância de shamatha para a ioga dos sonhos, porque a estabilidade e a vivacidade no sonho serão precisamente iguais às de sua mente antes de adormecer. Na medida em que você cultivar a estabilidade e a vivacidade da atenção através de shamatha, estas poderão ser utilizadas em sua prática de ioga dos sonhos e as coisas transcorrerão mais suavemente. É por isso que Padmasambhava ensinou primeiramente shamatha, e ioga dos sonhos mais adiante.

As práticas principais de emanação e de transformação

As práticas essenciais de ioga dos sonhos empregam a lucidez durante o sonho para desenvolver uma compreensão direta da natureza dos fenômenos. Padmasambhava diz: "Apreendendo o estado de sonho, considere: 'Uma vez que este é agora um corpo de sonho, ele pode se transformar em qualquer coisa'. Tudo o que surgir em um sonho, quer se trate de aparições demoníacas, macacos, pessoas, cães, e assim por diante, transforme em sua deidade pessoal, por meio da meditação. Pratique multiplicando-os por emanação e transformando-os em qualquer coisa que você desejar".

Estas práticas podem ser chamadas de "fase de feiticeiro" da ioga dos sonhos. Você está no sonho, sabe que está sonhando e mantendo a continuidade e a clareza do próprio sonho, e a continuidade da sua consciência de estar sonhando. Sabendo que todas as aparências são apenas emanações do substrato – que não há nada intrinsecamente substancial do ponto de vista subjetivo ou objetivo – você pode simplesmente começar a modificar o que desejar dentro do sonho. Algumas coisas, como voar, são fáceis e muito maleáveis. Até este ponto você provavelmente já deve ter acumulado bastante horas de voo. Nesta fase, o procedimento clássico é transformar um em muitos e muitos em um. Tente fazer isso com qualquer objeto que surgir, incluindo a si mesmo. Se encontrar um *cocker spaniel* em seu sonho, crie uma dúzia deles. Se encontrar um bando de pombos, reduza-os a um único pássaro.

Em seguida, mude o tamanho dos objetos – pequeno em grande e grande em pequeno. Transforme um planeta que preenche o seu campo visual no mesmo objeto do tamanho de uma bola de golfe. Amplie o tamanho de uma formiga para o de uma montanha. Em seguida, modifique a forma e a identidade dos objetos. Faça com que o *cocker spaniel* vire um crocodilo, e depois desfaça. Transforme-se em um pássaro, uma montanha, ou um relógio de pulso. Torne-se um espírito desencarnado e, em seguida, um campo de flores. Meu Mestre Gyatrul Rinpoche chama esta prática de "mover as aparências grosseiras e sutis dos seres sencientes e do meio ambiente para frente e para trás", sugerindo que você modifique os objetos "de qualquer maneira que desejar", incluindo "transformar o pacífico em irado e o irado em pacífico". Então, vale tudo.

No início você encontrará algumas emanações e transformações que são resistentes à sua vontade, difíceis de executar. Nestes casos, você deve se empenhar porque há algo no sonho lúcido que você ainda está reificando; parece haver alguma resistência objetiva, algo que não é maleável ao jogo da sua própria consciência. Portanto, você deve trabalhar nisso até conseguir liberar completamente. Você precisará compreender, não apenas conceitualmente, mas também por experiência direta, que os fenômenos dos sonhos são totalmente fluidos. Nada do que surge no sonho é independente de sua consciência. Aos poucos, você ganhará essa compreensão por meio da sua própria experiência. Este é um aprendizado do tipo "mão na massa". A tendência de reificar não se interrompe porque você a reprime, mas porque compreende por experiência direta que esses fenômenos são irreais – esta é a razão primordial pela qual você está praticando a ioga dos sonhos. Embora possa ser muito divertido brincar com essas coisas, o objetivo destes exercícios é saturar completamente a sua compreensão com o entendimento de que os fenômenos dos sonhos não têm existência própria inerente.

O seu pior pesadelo

Não se surpreenda se depois de algum tempo a prática profunda da ioga dos sonhos trouxer ocasionalmente experiências desagradáveis. Estamos explorando o substrato, que contém o bom, o mau e o feio da nossa experiência, não só desta vida, mas das inúmeras vidas passadas. Se tivéssemos sido angelicais em todas essas vidas – se nossas ações tivessem sido sempre positivas e virtuosas, gerando apenas carma positivo – já teríamos atingido a iluminação. Portanto, temos de lidar com alguns dos aspectos complicados do nosso ser. Uma das formas que esses aspectos se apresentam, tanto na ioga dos sonhos quanto na prática profunda de shamatha, é chamada *nyam*, "experiência meditativa" em tibetano. Claro que há uma gama muito ampla de experiências. Um nyam é uma experiência somática e/ou psicológica transitória e anômala que é catalisada pela prática correta de meditação. Portanto é anômala – algo fora do comum. É transitória – provavelmente não dura mais do que algumas horas ou no máximo alguns dias. Pode se manifestar no corpo como náuseas, vertigem, êxtase e todos os tipos de experiências somáticas ou psicológicas como depressão, paranoia, fé abrupta, reverência, lágrimas, tristeza, e assim por diante. Note que essa experiência é catalisada por práticas de meditação corretas e é um sinal de progresso, e devem ser diferenciadas de experiências desencadeadas pela prática meditativa mal direcionada.

Quanto mais intensa for a prática, mais importante será ter um professor de meditação qualificado por perto. Quando um nyam surgir, seja sensato: Pergunte a si mesmo: "Isso pode ser um problema de saúde?" E se a resposta for "talvez", consulte um médico. Quando tiver certeza de que é um nyam, apenas deixe que se manifeste. Basta estar presente, sem gerar expectativas e nem medos. Se for um nyam, desaparecerá por si só. Um nyam genuíno é um bom sinal – você está praticando bem e corretamente – e passar por essas fases de forma adequada é um processo de purificação.

Os níveis mais profundos da prática de transformação e emanação podem catalisar nyam de medos. Para que algum objeto evoque o medo na mente é preciso que esteja ocorrendo uma densa e intratável reificação. O objeto é apreendido como ameaçador de forma absoluta. "Apreenda o estado de sonho e vá para a margem de um grande rio", diz Padmasambhava. "Considere, 'Como eu sou um corpo mental em um sonho, não há nada que o rio possa carregar'. Saltando para dentro do rio, você será levado por uma corrente de êxtase e vacuidade." Devido ao fato de as práticas de ioga dos sonhos (e de shamatha) dragarem as profundezas da consciência substrato, mais cedo ou mais tarde, o seu pior pesadelo virá à tona. Repetindo as palavras de Padmasambhava, o lama tibetano Tsongkhapa disse: "Sempre que algo de natureza ameaçadora ou traumática ocorrer em um sonho, como se afogar na água ou ser queimado pelo fogo, reconheça o sonho como um sonho... e salte ou deixe-se cair na água ou no fogo do sonho"[38]. Considere trazer lucidez ao seguinte sonho, candidato ao mais aterrorizante dos pesadelos:

> Estou flutuando nas águas escuras e viscosas de um pântano. De repente, percebo dois olhos famintos acima da superfície da água movendo-se em direção a mim. Estou prestes a me transformar em uma refeição para esta fera assustadora. Sei que estou sonhando. Eu não existo, o crocodilo não existe, todo o cenário é uma invenção mental. Eu poderia facilmente escapar voando para a lua ou simplesmente transformando o crocodilo em um adorável *cocker spaniel*. Mas não. Deixo que ele se aproxime, escancare suas mandíbulas, mostre seus dentes afiados e triture meu corpo macio e

---

[38] LAMA JEY TSONGKHAPA. "A Practice Manual on the Six Yogas of Naropa: Taking the Practice in Hand". In: MULLIN, G.H. *Readings on the Six Yogas of Naropa*. Ithaca, NY.: Snow Lion Publications, 1997, p. 97.

indefeso. (Não há dor, é claro, porque o meu corpo de sonho não tem terminações nervosas e os dentes do crocodilo não são concretos). E quando ele termina sua refeição eu me reconstituo e pergunto ao crocodilo: "Você aceita mais uma porção?" E deixo que ele faça tudo de novo.

Este é o exame final desta fase de prática – permitir que seu pior pesadelo aconteça, sabendo perfeitamente que é uma ilusão. "No início", diz Padmasambhava, "por se agarrar à noção de eu, você não terá coragem [de saltar para o fogo etc.], mas isso deixará de acontecer, na medida em que se acostumar a isso. Da mesma forma, vendo através das aparências de todas as coisas, tais como incêndio, precipícios e animais carnívoros, todos os medos surgirão como samadhi". A preparação crucial para tudo isto é treinar com as aparências e o corpo ilusório durante o dia e antever vigorosamente o estado de sonho.

Atravessar para a consciência primordial

Em *Natural Liberation*, Padmasambhava apresenta uma prática avançada de reconhecimento da consciência prístina no estado de sonho. Utilizando esta prática, os alunos que já tiverem realizado plenamente shamatha e *vipashyana*[39] poderão repousar em *rigpa*, ou consciência prístina, no estado de sonho. No entanto, uma pessoa sem esses pré-requisitos também pode ter vislumbres da consciência primordial, permitindo que a consciência desça para a consciência substrato, utilizando os méto-

---

39. *Vipashyana* (sânscrito) é a prática do *insight* contemplativo com respeito aos aspectos fundamentais da realidade, incluindo a vacuidade da natureza inerente de todos os fenômenos.

dos apresentados no capítulo 4 (fechando os olhos durante um sonho lúcido, adormecendo enquanto medita em uma visualização do chacra do coração e praticando a consciência da consciência). Quando você libera o sonho, mas sustenta a lucidez, e permite que a sua consciência se dissolva a partir da psique da consciência do sonho na consciência do substrato, obviamente esta é uma oportunidade para realizar diretamente a consciência substrato. Mas você pode, nesse estado, praticar o Dzogchen no estado lúcido do sono sem sonhos. Liberando completamente as fixações, nesta consciência aberta e panorâmica de 360 graus, sua consciência pode atravessar a consciência substrato e ser realizada como consciência prístina. Fica claro em alguns dos primeiros ensinamentos de Prahevajra sobre a prática Dzogchen de *trekchö*, do "atravessar" (*breakthrough*)[40] que o que você está realmente atravessando é a sua consciência substrato[41].

A prática autêntica do Dzogchen, no entanto, implica muito mais do que simplesmente repousar na "consciência sem foco" ou "presença aberta". Essas práticas não são nem mesmo práticas genuínas de shamatha, uma vez que shamatha sempre envolve uma atenção seletiva, e não uma abertura a todas as aparências. Além disso, se você ainda estiver atento às aparências sensoriais, sua mente nunca se dissolverá na consciência substrato e, portanto, você nunca atingirá shamatha. A prática de consciência sem foco e presença aberta também não são real-

---

40. *Trekchö* ("cortar a solidez" em tibetano) é a primeira das duas etapas do Dzogchen, destinadas a atravessar a consciência substrato para a realização direta de consciência prístina, que é sinônimo da própria natureza búdica.

41. *Wellsprings of the Great Perfection*: The Lives and Insights of the Early Masters. Kathmandu: Rangjung Yeshe Publications, 2006, p. 335-336 [Trad. de E.P. Kunsang].

mente práticas vipashyana, pois vipashyana sempre envolve algum grau de investigação, que não está presente nessas práticas. E, finalmente, nenhuma dessas duas práticas por si só constituem meditações Dzogchen, pois uma prática Dzogchen genuína envolve uma imersão completa na visão, meditação e modo de vida do Dzogchen. Sem a capacidade de ver a realidade a partir da perspectiva da consciência prístina, a presença aberta é nada mais do que repousar na mente comum dualista. A sequência clássica de práticas na tradição Dzogchen consiste em estabelecer a mente na consciência substrato por meio da prática de shamatha, explorar a natureza última da mente por meio da prática da vipashyana e, finalmente, penetrar através da mente convencional, ou seja, da consciência substrato, até a consciência prístina, por meio da prática de meditação *trekchö*.

Assim, tendo a consciência substrato como plataforma, pode-se atravessar até a consciência prístina. Algumas aparências que surgem no sonho podem ser meros artefatos que emergem do seu substrato, mas na perspectiva Dzogchen você pode realmente encontrar um buda e pode receber ensinamentos diretamente desse ser. Portanto, para aqueles cuja prática está imersa no Vajrayana, existe a possibilidade de se deslocar para terras puras, encontrar budas e receber ensinamentos.

Ao longo da história budista foram registrados muitos casos deste tipo. Para praticantes avançados – que são muitos, especialmente na Ásia – isso é bem comum. Um dos exemplos mais famosos é o praticante Dzogchen Jigme Lingpa (1730-1798), que recebeu extensos ensinamentos e transmissões em sonhos de Longchen Rabjam (1308-1364), apesar de haver mais de quatro séculos separando suas vidas. O próprio Longchen

Rabjam havia recebido inúmeros ensinamentos e transmissões diretamente através de sonhos e visões. Mas aqui está um exemplo mais recente: Certa vez, visitei a monja inglesa Tenzin Palmo, que é uma das melhores praticantes ocidentais do budismo tibetano[42]. Ela viveu em uma caverna, a uma altitude de cerca de quatro mil e quinhentos metros, em completo isolamento por muitos anos. Na época em que a conheci, ela estava reunindo todas as suas provisões, alimentos e lenha, para iniciar um retiro de três anos contínuos.

Perguntei a ela, uma vez que nevaria de novembro a maio, o que aconteceria em fevereiro, caso ela tivesse alguma questão prática importante, sem poder se comunicar com seu mestre. Ela respondeu: "É fácil, farei preces ao meu lama e, em seguida, ele aparecerá nos meus sonhos e eu terei todas as minhas respostas dessa maneira". Uma das vantagens do samadhi é que a clareza de consciência flui naturalmente para o estado de sonho. As pessoas que alcançaram o samadhi unifocado, que é o resultado da realização de shamatha, começam a ter sonhos lúcidos, mesmo sem nenhum treinamento específico sobre sonhos.

Embora a habilidade de lembrar vidas passadas possa envolver o acesso profundo à consciência substrato, *siddhis* como clarividência (ver as coisas acontecendo a uma grande distância), clariaudiência (ouvir coisas a uma grande distância), premonições e outros tipos de "percepção extrassensorial" sugerem o acesso à consciência primordial, onde o tempo e o espaço não

---

42. Jetsunma Tenzin Palmo é hoje a diretora do monastério feminino Dongyu Gatsal Ling, no norte da Índia, e é amplamente conhecida devido à biografia escrita em MACKENZIE, V. *Cave in the Snow*: Tenzin Palmo's Quest for Enlightenment. Nova York: Bloomsbury, 1998.

são barreiras para a percepção. Mais uma vez, as práticas profundas de meditação, como a ioga dos sonhos, podem permitir um acesso ocasional a essas percepções paranormais. Lembre-se do exemplo dado anteriormente, de alguns iogues com os quais vivi perto de Dharamsala, na Índia, em 1980. Esses praticantes haviam vivido ali por dez, vinte, trinta anos, e suas mentes haviam se tornado bastante transparentes e sutis. Alguns deles perceberam que a precognição havia começado a surgir com frequência. Eles acreditavam que não havia nenhuma chance de esses fenômenos ocorrerem por acaso ou coincidência. De vez em quando, de forma completamente imprevisível, a cada três ou quatro semanas, um morador caminhava até o local onde os iogues estavam para deixar uma pequena oferenda. Ou se um dos iogues não estivesse em retiro estrito, um morador poderia ir até ele para fazer perguntas durante o almoço. Os iogues perceberam que muitas vezes, na noite anterior à chegada de um morador, um deles sonhava que uma pessoa especial iria visitá-los. Eles estavam tendo vislumbres de precognição de curto prazo.

Em um caso mais recente, um mestre budista tibetano, que vive em seu monastério em relativo isolamento, a uma altitude de cerca de 5.000 metros nos Himalaias, tomou ciência instantânea da morte inesperada de um de seus alunos americanos no Colorado. Nessa época, o enteado deste aluno estava praticando com esse mestre no Tibete, e o mestre o informou sobre a morte de seu padrasto, dizendo que ele deveria voltar para casa. Pouco depois, um telefonema do Colorado foi recebido, confirmando os fatos e solicitando o retorno do jovem.

Um último comentário sobre essas habilidades paranormais: em 1992, o Dalai-Lama fez referência a uma prática que iogues com grande realização e já bastante avançados na prática de ioga dos sonhos poderiam realizar. Com essa base, pode-se entrar em algo que é explicitamente uma prática de ioga dos sonhos Vajrayana – que realmente está além do que se possa imaginar – pode-se desenvolver o que o Dalai-Lama referiu como sendo o *corpo especial de sonho*. Por meio desta prática se atinge o domínio sobre as energias sutis do corpo. É possível moldá-las, manuseá-las como um oleiro fazendo um vaso, aperfeiçoando, moldando e direcionando-as com o poder de seu samadhi. Você não está apenas trabalhando com o substrato, que é intangível e imaterial; você está usando o poder do seu samadhi para criar um corpo etéreo composto de energia. Essa energia é o *prana*. Depois de ter criado esse corpo prânico durante a meditação no estado de sonho, você projeta e envia esse corpo para o mundo intersubjetivo, na "realidade comum".

Esta é verdadeiramente uma experiência extracorpórea, e o que você projeta não é uma emanação imaterial fantasmagórica. Nem é o poder intuitivo da clarividência. Em vez disso, você está realmente projetando algo físico que está imbuído da sua consciência e que tem localização (no sentido de haver algo que está *aqui* versus *lá*). É físico em um nível muito sutil, e com ele você pode deixar o seu corpo e testemunhar coisas na realidade intersubjetiva que as outras pessoas veem com a percepção normal. O iogue que pratica esta técnica pode afirmar, "eu projetei meu corpo especial de sonho para tal e tal lugar – a oito quilômetros de distância – e o que eu vi foi isso". Pessoas a oito quilômetros de distância, podem confirmar, dizendo: "Sim, eu vi a mesma coisa". E não há limites com relação a distância. É possível viajar grandes distâncias tão facilmente quanto as curtas, e o praticante se desloca com a velocidade do pensamento. Este corpo pode até mesmo ser enviado para uma terra pura de um buda. Portanto, isto está de fato além da imaginação. Talvez seja verdade e talvez não seja. A única maneira de sabermos com certeza seria realizando o experimento – e esse seria um grande experimento.

Parte III

REUNINDO TODOS OS ENSINAMENTOS

8
Colocando os sonhos para funcionar

Em capítulos anteriores, introduzi a ideia de criar laboratórios de sonho. Claro que para fazer isso é necessário primeiramente adquirir certo nível de proficiência em sonhos lúcidos – que você tenha sonhos lúcidos com frequência, que sejam de duração relativamente longa e que você seja capaz de criar e manipular facilmente os objetos e ambientes do sonho. Se você chegou a esse patamar, você está de parabéns, porque para a maioria de nós isso requer tempo e esforço.

A pura emoção e o entusiasmo de desenvolver essas habilidades podem ser comparados aos de um artista que tenha atingido o nível profissional. No início, um pintor tem alguma habilidade básica para desenhar ou pintar, mas depois de muito estudo e prática ele desenvolve um domínio técnico que lhe permite produzir pinturas maravilhosas com relativa facilidade – obras de arte que são uma resposta plena de energia à imaginação criativa. Logicamente esta analogia vale para qualquer área artística ou criativa.

Algumas atividades às quais você pode escolher aplicar suas habilidades em sonho lúcido e ioga dos sonhos, que a esta altura já devem ser consideráveis, provavelmente já surgiram enquanto aprendia essas habilidades. Suas escolhas surgirão a partir da gama de interesses, atividades e desafios presentes neste momento da sua vida, juntamente com opções que surgirão no futuro. Sem entrar em muita profundidade, neste capítulo são descritos alguns dos caminhos que você pode desejar explorar na prática dos sonhos, citadas anteriormente.

Diversão

Embora a minha própria ênfase no sonho lúcido e na ioga dos sonhos tenha sido o desenvolvimento dos aspectos espirituais da vida, junto com algumas questões científicas e filosóficas que me intrigam, as experiências iniciais de sonho lúcido são certamente repletas de diversão e emoção. Para o hedonista – aquele que acredita que a busca do prazer é o bem mais elevado e o maior objetivo da vida humana – o sonho lúcido é o parque de diversões insuperável. É claro que, quando se trata de prazeres, como comida e sexo – ou a busca de aventura –, a sua imaginação é o limite. Como diz Stephen LaBerge em *Exploring the World of Lucid Dreaming*: "Quando você está começando a moldar seus sonhos, buscar a realização de desejos é natural". Mas também existem algumas maneiras muito úteis pelas quais as possibilidades de realizar desejos nos sonhos lúcidos podem aliviar situações difíceis na vida sobre as quais temos pouco controle.

Um dos sonhadores lúcidos mais hábeis que eu conheci é uma pessoa que citei anteriormente e que esteve confinada a uma cadeira de rodas por deficiências físicas durante toda a sua vida. Durante o sono, ela compensava estas restrições, criando uma vida de sonho cheia de movimento e de transformações fantásticas. Qualquer pessoa com graves limitações físicas poderia se beneficiar da prática dos sonhos lúcidos. Imagine a alegria, diversão e satisfação – sem contar o alívio – de poder se transformar em objetos interessantes e bizarros como uma vitrola ou uma borboleta sobrevoando campos de flores. Você poderia dançar, voar instantaneamente para outros planetas ou se relacionar com pessoas em um corpo "normal". Pelo menos, isto poderia ser considerado uma pausa temporária do sofrimento crônico e um alívio psicológico para pessoas com tais limitações.

Pessoas idosas, que muitas vezes desejam ser "jovens outra vez", poderiam fazê-lo durante os sonhos lúcidos. Sua mente pode não ser mais jovem (e pode ser que você nem sequer deseje isso), mas o seu corpo no sonho pode ter qualquer idade que escolher. Esta abordagem de compensar e aliviar uma situação difícil por meio do sonho lúcido também seria valiosa para os encarcerados em cadeias e prisões. As liberdades que são negadas durante o dia poderiam ser recuperadas durante a noite. Pode-se imaginar que nestas condições haveria tempo de sobra para desenvolver uma prática como a do sonho lúcido.

Para aqueles que desejam explorar esta área através de uma abordagem formal, LaBerge oferece algumas estratégias excelentes no livro mencionado acima.

Cura física e psicológica

No Ocidente, há inúmeras teorias sobre a mente e a psique, e no mínimo igual número de abordagens para a cura de problemas psicológicos. Como vimos, o sonho lúcido e a ioga dos sonhos fornecem um meio ideal para explorar a consciência, não apenas em termos de psique, mas também numa perspectiva muito mais profunda. A fase final da ioga dos sonhos – enfrentar medos profundos e permitir que os cenários mais assustadores se manifestem – é um excelente método para curar a mente.

Se você se dedicar seriamente à pratica de sonhos lúcidos ou ioga dos sonhos durante um longo período, é muito provável que você traga à tona medos profundos e talvez ocultos – que o psicólogo Carl Jung chamou de "sombra". Ou, de forma mais simples, você vivenciará o seu pior pesadelo. Tudo o que você mais teme muito provavelmente surgirá durante um sonho lúcido. Se isso for algo que você prefere evitar a todo custo, então as práticas de sonhos lúcidos e ioga dos sonhos podem não ser adequadas para você. No entanto, do ponto de vista de transformação pessoal – de se libertar do medo – esse pesadelo pode ser uma bênção disfarçada. O ponto principal da prática é "permitir que o pior aconteça", em vez de fugir. Se você está tendo um sonho lúcido, você sabe que o objeto que está causando medo – digamos, algum tipo de monstro ou alguma criatura ou força do mal – é apenas um sonho. Não tem qualquer solidez. Não é nada mais do que uma inofensiva e imaterial aparência emergindo de seu substrato. Se for necessário, você pode acordar a si mesmo para que ela desapareça. Mas pode ser de grande valia enfrentar os objetos que nos causam medo com calma, deixá-lo fazer o que quiser e ver o que acontece. Esta abordagem terapêutica também é encontrada na psicologia ocidental, bem como nas práticas das tradições espirituais.

Na visão de Jung, entidades oníricas como monstros e demônios indicam que o ego é, de alguma forma, incompleto. O que é necessário para que esta abordagem produza cura é que os valores da sombra sejam integrados ao restante do ego. Certa época, Stephen LaBerge teve repetidos encontros com um monstro em sonhos lúcidos – uma experiência que pode ilustrar a hipótese de Jung. Como Stephen me explicou, por um longo período, um monstro aterrorizante surgia regularmente em seus sonhos. Em primeiro lugar, como era um sonhador lúcido magnífico, ele escapava, transformava o monstro ou transformava o ambiente do sonho. No entanto, o monstro continuava a surgir e LaBerge pensou que seria necessária uma abordagem melhor – afinal, em um sonho, quem está fugindo de quem? E para onde você está fugindo? É uma dança da sombra.

Então, ele decidiu enfrentar esta imagem amedrontadora. No enfrentamento com o tal monstro terrível, ele olhou nos seus olhos e teve um verdadeiro encontro com aquele que o olhava de volta. Ele viu um ser senciente que tinha alegrias e tristezas, esperanças e medos, como ele próprio. Ele compreendeu: "Eis aqui um ser parecido comigo". E, de repente, em vez de terror, sentiu uma explosão de bondade, compaixão e empatia por essa criatura que estava se manifestando. Em seguida, este ser simplesmente se dissolveu no próprio Stephen e nunca mais reapareceu. Jung poderia comentar que alguma parte da psique de LaBerge havia se tornado alienada e criado este monstro, e que seu ato de compaixão por este símbolo do elemento alienado permitiu que ele fosse reintegrado à sua psique.

Não há dúvidas de que existem outras abordagens desenvolvidas a partir dos sonhos lúcidos e da ioga dos sonhos que podem ser adaptadas às muitas outras teorias, estilos e filosofias da psicoterapia, em que os sonhos são usados como um importante caminho para a compreensão da psique. Freud se interessava especialmente em compreender o significado dos sonhos para aplicar à psicoterapia. No sonho lúcido, os símbolos, que são tão importantes para a análise de sonhos, estão totalmente ao alcance da mão – pode-se interagir com eles, questioná-los, modificá-los, obter uma íntima compreensão acerca deles. Assim, parece que a ioga dos sonhos poderia acrescentar um dinamismo ao processo terapêutico, tanto quanto a hipnose em algumas terapias.

Outra aplicação terapêutica dos sonhos lúcidos seria a possibilidade de lidar com "assuntos malresolvidos" com pessoas e situações que não podem ser contatados diretamente. Isto pode variar desde sentimentos de culpa ou ressentimentos em relação a um amigo, um ente querido ou parente falecido, até a ansiedade com relação a um relacionamento anterior, em que a outra pessoa em questão, embora esteja ainda viva, não deseja entrar em contato. Em ambos os casos, a pessoa geralmente fica aprisionada em uma situação psicologicamente desconfortável, sem meios eficazes de chegar a um desfecho. No entanto, no sonho lúcido, você pode invocar a pessoa com quem deseja se comunicar na forma de uma imagem idêntica à original. Você pode fazer perguntas, oferecer perdão, expressar seus sentimentos, dizer adeus, e assim por diante. Claro que o cenário inteiro emerge de seu substrato. Você não está falando com a pessoa real. Mas se você não tem outro meio de, por exemplo, livrar-se de sentimentos de culpa, o realismo do sonho lúcido pode ser catártico.

Quanto a usar os sonhos para curar problemas físicos, há muitas evidências relatadas e algumas provas científicas de que a cura da mente pode afetar positivamente o corpo. Esse potencial é também apontado na manipulação da energia prânica, em estágios avançados de ioga e de ioga dos sonhos. Stephen

LaBerge propôs a seguinte questão para futuras pesquisas sobre sonhos lúcidos: "Se curarmos o corpo de sonho, em que medida isso pode se estender à cura do corpo físico?" A ciência médica, que ainda reluta em investigar aspectos não materiais da saúde e da cura, estaria demonstrando sabedoria ao investigar esta questão, uma vez que as abordagens psicológicas e espirituais para a cura têm se mostrado eficazes ao longo da história, em diversos contextos culturais, incluindo o Ocidente moderno. Até lá, os sonhadores lúcidos constituirão parte de uma vanguarda que irá inaugurar terapias inteiramente novas para algumas das doenças que têm sido consideradas intratáveis pelas ciências médicas e pela psiquiatria.

Desempenho e criatividade

Devido à vivacidade das imagens e do grau de controle criativo possível sobre o meio ambiente, o laboratório de sonhos lúcidos é um local ideal para melhorar o desempenho e a criatividade em praticamente qualquer área da atividade humana. Ao longo da história muitos trabalhos artísticos criativos e descobertas científicas têm sido creditados a revelações em sonho. No âmbito da *performance* atlética, Jack Nicklaus, que ainda detém o recorde de vitórias nos principais torneios da Liga Profissional de Golfe (*PGA*), melhorou reconhecidamente seu desempenho no golfe por meio de descobertas feitas em um único sonho lúcido.

As técnicas de treinamento para atingir picos de *performance* utilizam uma combinação de visualizações e de afirmações ("Eu vou conseguir!"), com o objetivo de preparar o atleta para a execução mais perfeita – quer seja um saque de tênis, uma neurocirurgia ou um concerto de violino. Onde as afirmações e visualizações poderiam ser mais efetivamente treinadas do que em um sonho lúcido? Em técnicas de visualização normais, o praticante se senta calmamente e se imagina realizando um movimento físico. Apesar de não estar em movimento, forma-se uma conexão neural capaz de levar a uma melhora no desempenho real. Tomemos o exemplo do famoso pianista Arthur Rubinstein, conhecido por sua capacidade de praticar mentalmente uma peça que ele nunca havia tocado – imaginando o dedilhado ao ler a partitura – e executando-a em seguida, sem qualquer outro ensaio[43]. Há pesquisas demonstrando que o ambiente de sonho é ainda mais eficaz para o estabelecimento de conexões neurais na ausência de movimentos reais. Se você for um pianista, poderá ter o seu piano, um auditório e até mesmo uma plateia para aplaudir seu desempenho no sonho lúcido.

Se você se sente desconfortável para falar em público, o laboratório de sonho lúcido permite que você ensaie nessa situação, até se acostumar a ela. No caso de uma apresentação de negócios ao seu chefe e a gestores seniores, você pode criar uma réplica exata da sala de conferências e preenchê-la com imagens das pessoas que correspondem ao seu público. Você pode fazer com que sejam céticos, vê-los sendo convencidos por seus argumentos e, finalmente, parabenizando-o por sua apresentação. Depois de vários desses ensaios, a apresentação real parecerá confortável como um "sapato velho", e parecerá muito mais fácil tendo utilizado o sonho lúcido para ensaiá-la do que com outras técnicas de visualização ou tentando por repetição.

---

43. RUBINSTEIN, A. *My Young Years*. Nova York: Knopf, 1973.

Os tópicos acima não são nada mais que sugestões relativas a algumas aplicações práticas dos sonhos lúcidos e da ioga dos sonhos. Informações mais detalhadas podem ser obtidas a partir de técnicas publicadas, projetadas para utilizar afirmações, técnicas de visualização e recursos semelhantes, para serem usados durante o período de vigília. Basta transferir esses exercícios para o seu laboratório particular de sonhos lúcidos durante a noite. Sugestões e procedimentos mais detalhados também podem ser encontrados nos capítulos finais do livro de Stephen LaBerge, *Exploring the World of Lucid Dreaming*.

9
Prática individualizada e questões infrequentes

Cada um de nós é único. Desde que ainda estamos no ventre de nossas mães, nossa psique se desenvolve continuamente, e seus padrões e conteúdos emergem da nossa experiência de maneira *sui generis*. Se aceitarmos a ideia de uma consciência substrato, que vem sendo moldada por nossas experiências vida após vida, desde tempos remotos, a nossa singularidade é ainda mais ampliada. Portanto, a prática individualizada de sonhos lúcidos, ioga dos sonhos, ou qualquer outra abordagem da espiritualidade é necessariamente matizada. A orientação geral é claramente útil, mas o conhecimento específico adquirido com a experiência pessoal e os conselhos de outras pessoas – especialmente de um professor experiente – são benéficos e, por vezes, crucial.

Há muitos caminhos que levam a Roma e, por isso, ao longo deste livro tentei matizar minha apresentação, apresentando alternativas sempre que possível. Percebi que os conselhos mais úteis vieram de perguntas e comentários feitos pelos meus alunos. Não é de se admirar que os praticantes de sonho lúcido e de ioga dos sonhos apresentem uma ampla variedade de formações, visões filosóficas e abordagens do assunto. A seguir está uma seleção de perguntas e respostas. Espero que seja útil.

Sobre as práticas de sonhos

Como desenvolver uma prática completa

Pergunta: Eu deveria planejar minhas sessões de prática?

Resposta: Eu acho que planejar faz sentido. É importante ter equilíbrio. A prática espiritual é como comer. Uma dieta equilibrada é importante. Projete algo equilibrado e que tenha uma estrutura real, em vez de uma abordagem dispersa. Use a sua inteligência, seus conhecimentos e a sua experiência para planejar sua prática. Por exemplo: a Hatha Ioga pode ser uma prática de meditação. É possível combiná-la à atenção plena de forma bastante intensa, incluindo a atenção plena à respiração. Para o centramento é adequado algum tipo de prática de shamatha. Na sequência, uma prática de *insight*, como vipashyana ou ioga dos sonhos, pode ser utilizada como uma modalidade de investigação. Finalmente, faça algo para o coração – as Quatro Qualidades Incomensuráveis, por exemplo. Se quiser praticar apenas uma das Quatro Qualidades Incomensuráveis[44], escolha a Bondade Amorosa. Se quiser ter uma dieta mais enriquecida para o coração, incorpore todas as quatro.

Fazer algo para o corpo é também muito importante. Poderia ser uma caminhada vigorosa pelas montanhas, com plena atenção. Inclua algo de sua escolha para o corpo e então os três grupos alimentos básicos completam a dieta. O quanto se acrescenta de cada um se torna algo muito individual. Siga com o fluxo e determine o que funciona para você.

---

[44] A prática de desejar que todos os seres sencientes alcancem a felicidade, estejam livres do sofrimento, nunca se separem da felicidade livre de sofrimento (alegria) e que permaneçam em equanimidade. Cf. WALLACE, B.A. *The Four Immeasurables*: Practices to Open the Heart. Ithaca, NY: Snow Lion Publications, 2011.

Estas práticas, que chamaremos de Darma, destinam-se integralmente ao cultivo das causas da felicidade genuína (sensação de bem-estar, satisfação, significado, alegria, satisfação), que surgem de maneira independente dos estímulos sensoriais externos. Provêm da própria natureza da consciência. E conduzem você em meio às mais diversas circunstâncias com uma sensação de bem-estar.

As práticas espirituais, sejam elas cristãs, hindus, budistas, taoistas, sufis ou seculares, todas buscam a felicidade genuína. Para avaliar sua prática espiritual de forma pragmática, pergunte a si mesmo se ela está produzindo o tipo de benefícios que você valoriza. Considere as qualidades que você realmente gostaria de cultivar, comportamentos que você gostaria de modificar, ou a sua resiliência de maneira geral quando confrontado com a adversidade. Além disso, quais são as qualidades que você gostaria que fossem atenuadas? Em que medida sua prática espiritual está de fato nutrindo qualidades positivas? Algumas pessoas podem colocar uma forte ênfase na ioga. Para outros, tudo irá girar em torno das Quatro Qualidades Incomensuráveis, do conhecimento, ou do *insight*, ou de estar a serviço do mundo. É importante avaliar e fazer as modificações mais apropriadas.

Conselhos sobre como manter um diário de sonhos

Pergunta: Sempre tive muitos sonhos e frequentemente tomo nota deles. Valorizo aqueles realmente significativos. Não perco tempo anotando sonhos mundanos. Na noite passada eu tive vários sonhos, mas eram todos mundanos. Pensei em anotá-los mais tarde, mas esqueci. Devo dar importância apenas aos significativos ou também aos que são mundanos?

Resposta: Eu simpatizo e concordo com você. Anotar todos os sonhos parece monótono. Seria necessário um enorme entusiasmo. No entanto, no contexto dos sonhos lúcidos, a importância de escrever os sonhos é melhorar a habilidade de recordar o sonho, sem a qual será difícil avançar na prática dos sonhos lúcidos. Portanto, você precisa de um banco de dados de bom tamanho.

Mesmo entre os sonhos mundanos, você poderá identificar os sinais de sonho. Isso permite abastecer sua base de dados, a fim de reconhecer seus sinais de sonhos recorrentes. E os sinais de sonho podem mudar e, portanto, você precisará mantê-los atualizados. Observe também as anomalias e improbabilidades que surgirem. Feito isso, não há muita razão para continuar anotando sonhos desse tipo.

Mas também é importante aplicar as técnicas básicas de não se mover, de permanecer fisicamente quieto quando desperta e, em seguida, levar a sua atenção de volta para o sonho e ver se é capaz de se tornar lúcido. Nesse caso, mesmo que o sonho seja mundano, é um material de prática perfeitamente adequado. Se puder reverter e voltar para ele com lucidez, você terá a possibilidade de transformá-lo em um sonho bem emocionante. Ele não precisa seguir sendo tedioso, uma vez que você poderá dirigi-lo como desejar.

Sonhos lúcidos "sem graça"

Pergunta: Eu já tive sonhos lúcidos. Tomo consciência de que estou sonhando, por exemplo, quando estou voando. Mas não acontece muita coisa além disso. O sonho apenas se desenrola e eu sigo com ele. Não parece que estou chegando a lugar algum. Onde posso ir a partir daqui?

Resposta: A ioga dos sonhos conduz a um envolvimento muito mais criativo com o conteúdo do sonho e realmente tenta investigar profundamente os sonhos de formas muito interessantes. Portanto, a ioga dos sonhos é uma excelente plataforma que oferece uma escolha entre desejar se aventurar mais ao longo do caminho dos sonhos lúcidos, talvez para a prática de ioga dos sonhos, ou ficar nesse mesmo ponto. Há muitos experimentos bastante interessantes a serem executados se você quiser se aventurar em um envolvimento mais criativo com o sonho.

Vivacidade versus *estabilidade*

Pergunta: É possível alguém se sentir tão seduzido pelo aspecto de vivacidade das práticas de meditação e de sonhos de forma tal que a estabilidade nunca se estabeleça?

Resposta: Um grande número de praticantes, de diferentes tradições, sentem o gosto da vivacidade, experimentada como um "barato". E muitas pessoas da minha geração têm praticado meditação e, que fique só entre nós, muitos deles usaram drogas antes de meditar. Eles tomavam LSD, mescalina, cogumelos, e assim por diante. Assim, sem nunca ter meditado antes, eles sabiam alguma coisa sobre a lucidez em termos de brilho e vivacidade – que é de onde vem a palavra "psicodélico". E então eles começaram a praticar um pouquinho de meditação e a ter algumas experiências, com um elevado grau de intensidade. Sentiram uma espécie de barato – apenas estar intensamente presente e luminosamente claro – e pensaram: "Isto é para mim!

É como usar drogas sem nenhum dos efeitos colaterais e sem fazer nada de ilegal. Vamos nessa".

E é muito fácil que as pessoas, ao sentirem um gostinho disso, quererem ter essa experiência o tempo todo. Assim eles podem buscar exclusivamente a vivacidade e dizer: "Não me importo com essa coisa de estabilidade. Isso é chato. E relaxamento, isso é para as pessoas que estão em férias". Então o relaxamento é eliminado – "Quem precisa disso? E estabilidade, isso é apenas calma, isso é chato". E, então, eles partem direto para vivacidade. Isso acontece muito. Como resultado, eles se tornam nervosos, permanentemente "ligados". Tornam-se emocionalmente muito vulneráveis, muito instáveis e esse estado de excitação não dura. Eles saem para o mundo e sua prática desmorona completamente. Eles são hipersensíveis ao ruído e à desordem absolutamente incontroláveis do mundo cotidiano e não são capazes de lidar com isso.

Sinais sutis nos sonhos que parecem reais

Pergunta: Quando os sonhos parecem muito reais, eu tenho muita dificuldade em me tornar lúcido. Um desses sonhos era uma cena de trabalho que aconteceu há alguns anos. Nele eu encontrava minha esposa em uma biblioteca, o que é incomum, mas apenas sutilmente incomum.

Resposta: A este respeito, se você puder encontrar sinais de sonhos *recorrentes*, isso poderia ser uma dica ou uma anomalia – tais como encontrar sua esposa em uma biblioteca repetidamente. Esta seria uma anomalia leve. Reconhecer anomalias sutis é uma habilidade a ser desenvolvida. É preciso aperfeiçoar especialmente a memória e, em seguida, gerar uma atitude de reflexão crítica, questionando: "Isso não é estranho?" Isso pode ser o catalisador. Desenvolva o hábito de buscar tudo e perceber qualquer coisa que esteja fora do comum.

Como reavivar um sonho quando a sua persona no sonho não tem um corpo

Pergunta: Em alguns dos meus sonhos estou desencarnado – não tenho nenhum corpo de sonho no sonho. Sou apenas uma presença que testemunha o sonho lúcido. E então, quando o sonho começa a desvanecer, eu não tenho um corpo para esfregar ou girar para reavivar o sonho. O que posso fazer para mantê-lo?

Resposta: Você pode tornar a experiência mais interessante antecipando ou projetando. Vamos imaginar que você esteja vendo uma estrada. Você poderia dizer a si mesmo: "Aposto que meu amigo está prestes a surgir no horizonte dirigindo sua Maserati". Então projete essa visão. Este é um dos grandes indutores em um sonho: antecipação, expectativa. Estes têm uma enorme influência sobre os sonhos. Tudo que você tem a fazer é acreditar, esperar, antecipar ou até mesmo ter medo de que algo aconteça e lá está! É simples assim. E dessa forma o sonho continua.

Transformação semilúcida

Pergunta: Há alguns anos, tive um sonho em que estava andando por uma rua, aproximava-me de alguém e tinha um encontro desagradável. No meu sonho, eu "voltava a fita" um pouco para trás e repassava o encontro editado. Eu nunca mais escolhi fazer isso novamente. Será que isso tem algum significado específico?

Resposta: Esse tipo de atividade ocorre exatamente na metade da segunda fase da ioga dos sonhos de transformação. Isso me faz lembrar de um sonho que alguém compartilhou comigo. Ela estava em um arranha-céu que estava em construção, no octogésimo andar. Enquanto estava lá em cima, percebeu que o ator Mel Gibson estava com ela. Ela estava conversando com Mel Gibson, que de repente escorregou e caiu. Ela disse: "Não, cuidado!" Então ela editou e reproduziu o sonho para que ele não escorregasse e mergulhasse para a morte. Ele se salvou milagrosamente.

Este é um daqueles estados "quasi". Ela estava lúcida? Não necessariamente de forma completa, mas ela estava lúcida o suficiente para que pudesse intervir e conseguir o que ela pretendia – sair com o Mel Gibson! Portanto, está em uma área cinzenta de lucidez.

Sonhos lúcidos e purificação

Pergunta: Pode-se fazer práticas de purificação no sonho lúcido?

Resposta: Definitivamente sim.

A natureza dos sonhos

As variáveis – intensidade e lucidez

Pergunta: Qual é a relação entre a intensidade e a lucidez de um sonho?

Resposta: Por intensidade entende-se a acuidade do sonho – a alta resolução, o brilho, a nitidez, a vivacidade dele. A relação entre intensidade e lucidez não é direta. Você pode estar lúcido em um sonho que é bastante vago. Portanto, essas são variáveis, de certa forma, independentes. Pode-se ter um sonho muito intenso em que não se tem lucidez nenhuma – a pessoa pode estar totalmente envolvida pelo sonho. E esses sonhos podem ter uma grande carga emocional.

Dito isto, em um sonho lúcido iniciado no sonho (*DILD*), é mais provável que a lucidez seja catalisada internamente por um sonho intenso do que por um sonho um pouco tedioso, vago. Isso porque, se há anomalias no sonho, e elas estão presentes na maioria dos sonhos, então as anomalias serão mais vivas, o que significa que é mais provável que elas chamem a sua atenção, levando talvez a uma atitude de reflexão crítica e de observação, "Isso foi muito estranho!" E isso pode catalisar lucidez.

Assim, essas duas variáveis são independentes e expressam diferentes tipos de luminosidade. Quando você fala de um sonho intenso, você está de fato dizendo que a pura vivacidade de atenção se manifestou de forma bastante extravagante. Isso não significa necessariamente que haja uma grande vivacidade da *cognição*. Há também um outro tipo de clareza, que é a clareza do *insight*. E esta não precisa ser necessariamente acompanhada de imagens extremamente claras ou vívidas. Isso significa: "Entendo perfeitamente. Eu realmente entendo isto". Pode ser algo que não tenha imagem visual nenhuma, mas a clareza do *insight* é extremamente nítida. Esta é a vivacidade, a acuidade, a nitidez do saber. Está relacionada, mas não o mesmo que a simples vivacidade da atenção.

Portanto, a situação ideal é combinar os dois, onde a luminosidade ou vivacidade da atenção se manifeste de forma evidente – e então você tem um sonho intenso – combinada com a clareza, a vivacidade e a alta acuidade do saber, do conhecer. E então você tem um sonho muito intenso e muito lúcido.

Pergunta subsequente: Como você faz isso?

Resposta: Praticando shamatha e ioga dos sonhos.

Sonhar e sonhar acordado

Pergunta: Como o sonhar acordado se relaciona com o sonhar?

Resposta: Sonhar acordado é uma forma de imaginação não editada. Nós simplesmente permitimos que a atenção vagueie. Podemos ter um interesse especial em devaneios sobre uma história, imagem, memória ou fantasia que nos atraem. Neste caso a fixação entra em jogo e tentamos mantê-los, persegui-los e desenvolvê-los. O que faz com que o sonhar acordado seja às vezes agradável e outras vezes doloroso é que todos eles são produtos da imaginação. Como o neurocientista Francisco Varela comentou, quando estamos envolvidos em atos de imaginação, vendo as coisas com os olhos da nossa mente, há uma grande quantidade de sobreposição, em termos de atividade cerebral, entre aquilo que estamos percebendo na imaginação ou nos devaneios e aquilo que percebemos nas atividades diárias normais. Nossa percepção geral do mundo é na verdade resultado de uma imaginação ativa com limitações físicas comuns. Sonhar é semelhante – percepção sem restrições físicas. Os três fazem parte de um mesmo pacote – percepção, imaginação e sonho.

A origem dos sonhos

Origens dos sonhos

Pergunta: Os sonhos não se desenvolvem inteiramente a partir do substrato. De onde vêm os conteúdos dos sonhos?

Resposta: Há alguma correlação com os ciclos de sono, mas esta é apenas uma generalização. A noite pode ser dividida em três seções. Diz-se que os sonhos no início da noite (o primeiro ou os primeiros dois ciclos) são geralmente curtos e condicionados e inspirados por eventos recentes. Muitas vezes existe uma forte correlação com os eventos do dia anterior, no estado de vigília. Não há uma separação muito grande em termos de tempo entre eles, apenas cerca de noventa minutos depois de adormecer. O ciclo de sonho é muito curto. A origem deste material é a psique.

Na parte intermediária da noite, há um intervalo de tempo maior separando você do dia anterior, e então você pode acessar memórias mais antigas. A origem ainda é a psique. Para ter sonhos significativos ou premonitórios ou visão remota nos sonhos (comuns, especialmente se houver uma ligação de sangue com a pessoa envolvida), o horário nobre é o dos últimos sonhos no final da noite. Estes tocam mais profundamente o substrato. Podem ser inspirados por sonhos da infância ou até mesmo de vidas passadas.

Se você tocar o substrato mais profundamente, poderá catalisar alguma memória de uma vida passada. Mas isso não explica a precognição ou a visão remota. O substrato está na realidade convencional; é local, pessoal e acumula memórias. Está em um plano relativo convencional. À medida que você invade o substrato, invade também as memórias. Mas raios de luz provenientes da consciência primordial podem também ser irradiados, especialmente quando existe uma relação cármica forte (mestre e aluno, mãe e filho, amigos). É uma espécie de túnel ligando a consciência primordial e a sua consciência substrato. Assim você pode acessar sua rede de carma. A ênfase aqui tende a ser sobre as duas últimas horas do sono.

Carmas como a base dos sonhos

Pergunta: Como as causas e condições presentes em qualquer momento específico contribuem para a germinação de sementes cármicas armazenadas no substrato, cada um dos nossos sonhos também não poderiam ser um resultado da manifestação do carma?

Resposta: Tudo depende de como você define o carma, mas a resposta curta seria não. Quando você acumula carma por meio de qualquer ação voluntária do corpo, fala ou mente, o entendimento budista é de que as sementes ou marcas cármicas são então implantadas e armazenadas na consciência substrato. Elas podem permanecer lá por anos ou até mesmo vidas, até que finalmente sejam catalisadas por alguma circunstância externa ou interna e então, metaforicamente, germinem e o carma se manifeste. Chamamos esse processo de fruição do carma, e essa fruição se dá de várias maneiras.

Os sonhos não são apenas o resultado do carma. Por exemplo, você pode comer algum alimento muito difícil de digerir antes de se deitar. E, então, pode ter pesadelos que estão sendo fortemente influenciados pela sua indigestão. Isto não se deve realmente ao carma, mas à má-digestão. Portanto, este é um catalisador muito mais imediato para originar sonhos ruins ou sono agitado, e assim por diante.

Ou vamos imaginar que você tenha tido um dia muito agitado – talvez alguém tenha batido na traseira do seu carro, apresentado uma carteira de motorista falsa e uma apólice de seguro falsa, tudo levando a um beco sem saída. Então, se essa experiência tomar o seu dia, à noite, pode ser que você tenha um sonho correspondente a algo muito similar. Isso não é a fruição do carma. É apenas a memória sendo transportada ao sonho e talvez sendo transformada – é a experiência da vigília influenciando a experiência noturna.

Em resposta à pergunta: "O carma pode vir a amadurecer no estado de sonho?" A resposta é "sim, definitivamente". Mas muitas outras coisas se manifestam no estado de sonho também. Para aqueles de vocês que são budistas, notem que o processo profundo de purificação da mente por meio das práticas de Vajrasattva, por exemplo, podem realmente catalisar o carma, que poderá chegar à fruição em seus sonhos. E essa é uma maneira de purificar o carma, em vez de chegar à maturação completa no estado de vigília. É melhor se livrar dele no estado de sonho.

Tópicos diversos

Influência dos alimentos sobre a meditação; fazer sessões de práticas consecutivas

Pergunta: Tenho notado que o meu foco na meditação não fica tão nítido depois das refeições – ele vai e vem. Será que comer antes da prática, via de regra, causa problemas? E quais contextos são mais propícios para a prática?

Resposta: Isso depende da sua capacidade de digerir a comida e de você ter ingerido uma quantidade saudável de alimento ou não. Você pode aguardar a digestão acontecer antes de meditar formalmente. E, então, uma combinação que pode ser muito útil é a de duas sessões consecutivas. Elas não precisam ser curtas, pratique pelo tempo que desejar. Faça a primeira sessão na posição supina com foco na consciência de todo o corpo e atenção plena à respiração, com ênfase principal na sensação de firmeza do corpo no chão e no profundo relaxamento, para acalmar e aterrar o corpo, e estabilizar a mente. Então, depois dessa sessão, sente-se e faça a prática de consciência da consciência. Estas duas práticas combinadas – aterramento e repousar no espaço de consciência – podem ser muito eficazes.

Ética nos sonhos lúcidos

Pergunta: A ética pode ter alguma importância nos sonhos lúcidos? Afinal de contas, se você cometer algum ato negativo, é tudo um sonho. Não há realmente ninguém sendo prejudicado.

Resposta: A motivação é fundamental e profunda. Dentro do contexto do sonho, reconhecer que mesmo que não haja ninguém sendo beneficiado ou prejudicado pelos seus atos (ao contrário do estado de vigília), ainda assim, o fato de estar envolvido em uma atitude negativa tem importância ou gravidade do ponto de vista ético. Algumas pessoas que não têm nenhum contexto moral pensam que podem fazer o que quiserem. Você pode fazer o que quiser, mas o impacto na sua mente e as implicações éticas são importantes.

A origem de ensinamentos recebidos em sonhos lúcidos

Pergunta: Que atitude devo tomar com respeito aos ensinamentos e conselhos que recebo de pessoas que encontro em sonhos lúcidos? Esses ensinamentos vêm da sabedoria?

Resposta: Esses conselhos podem ser delirantes e terríveis – ou podem ser conselhos sublimes. O Buda encorajava seus seguidores a não aceitarem suas palavras simplesmente com base na sua autoridade. Por meio da razão e da experiência, verifique cuidadosamente a validade dos ensinamentos, seja durante o estado de vigília ou durante o sonho. Aceite-os se lhe parecerem seguros.

Ao mesmo tempo retorne às questões arquetípicas. Digamos que haja alguém que você reverencie profundamente, por exemplo, São Francisco de Assis. Quando você buscar São Francisco em seu sonho, você poderá acessar os conteúdos mais profundos da sua própria sabedoria. Se você encontrar o Buda e ele lhe der ensinamentos sublimes, imagine que eles realmente funcionam. A questão que pode ser levantada aqui é: Qual é a origem dos conselhos que você está recebendo? Eles poderiam vir da consciência primordial, manifestando-se por intermédio do seu lama. Se assim for, não se trata da consciência primordial do lama *versus* a sua. Neste nível, não há diferença entre elas.

10
Lucidez em meio ao sonho
Uma perspectiva mais ampla

Em um dos meus primeiros sonhos lúcidos, eu estava andando de carro em uma estrada no deserto e notei que o sol nascia à minha esquerda, e um pouco mais tarde eu vi que ele se punha na mesma direção. Isso não é estranho? Muito estranho! E foi o que me alertou para o fato de que eu só poderia estar sonhando. Eu sei exatamente em que momento me tornei lúcido, mas quando foi que o sonho começou? Evidentemente, quando o sonho começou, eu não tinha consciência de estar sonhando, e então, mais tarde, eu não tinha nenhuma lembrança *do quê* eu não estava ciente, ou seja, do início do sonho. O sonho começou em meio à não lucidez (*avidya*), ou ignorância, e uma vez que eu não tinha consciência da natureza da realidade que eu estava experimentando, cheguei a considerá-la simplesmente como "real", sem fazer qualquer distinção entre a realidade da vigília e a realidade do sonho. Assim, a ausência de lucidez levou à delusão.

O processo de delusão

De acordo com a filosofia budista, diz-se que algo é existente se for cognoscível e inexistente se for incognoscível. Podemos ainda não ter consciência desse algo. Pode ser que nunca tomemos consciência dele. Mas, se for cognoscível por qualquer pessoa, então ele existe. Ou, vamos inverter o raciocínio: se algo existe, deve ser cognoscível por alguém. Em um sonho não lúcido, não se tem consciência do início do sonho como um sonho. No início havia uma não lucidez, que deu lugar à delusão de tomar o sonho como sendo algo que não é – por algo real. Se o sonhador reconhecesse o sonho como um sonho desde o início, estaria lúcido desde o princípio. Mas, uma vez que o sonho começou sem lucidez, o primeiro momento do sonho – que surgiu da não lucidez – é incognoscível pelo sonhador. E já que é incognoscível, em princípio, nesse contexto, o início do sonho não existe para o sonhador. O sonho lúcido tem raízes na delusão, e remonta à não lucidez, cujo início é incognoscível. Quando o sonhador se tornar lúcido, poderá recordar as fases anteriores do sonho, mas isso não significa que possa rastreá-lo até o seu início.

O mesmo vale para um pensamento que vagueia em meio à desatenção. Durante a prática de meditação, quando de repente percebemos que nossa atenção foi carregada por algum pensamento perturbador, nos tornamos "lúcidos" com respeito a esse pensamento. Reconhecemos este evento mental como um evento mental, e não o confundimos com o referente do pensamento no mundo exterior. Mas quando tentamos rastrear esse pensamento de volta à sua origem, não conseguimos. Esta cadeia de pensamentos teve início na ausência de lucidez e, portanto, estávamos desatentos. Se tivéssemos reconhecido o pensamento como um pensamento desde a sua originação, estaríamos "lúcidos" desde o início desse pensamento. Mas já que não havia nenhuma consciência do pensamento como um pensamento, no momento em que surgiu, não há possibilidade de mais tarde recordar de algo sobre o qual nunca tivemos consciência. Dentro do contexto dessa cadeia de pensamentos inconscientes, seu início é desconhecido e, portanto, não existe para esse pensador, mesmo que depois ele se torne lúcido em relação aos seus pensamentos, reconhecendo-os pelo que são.

A cada momento que nós "nascemos" em uma sequência de pensamentos inconscientes, nós entramos em um microcosmo do samsara. Esta cadeia de pensamentos surgiu a partir da não lucidez, e assim que nos tornamos aprisionados nesse pensar obsessivo e compulsivo, estamos sujeitos a confundir os nossos pensamentos com uma realidade independente de nossas mentes. A ignorância leva à delusão, que facilmente leva a todas as outras aflições mentais, incluindo o desejo e a hostilidade. E da perspectiva desse ciclo de conceituação obsessiva não há um início identificável. Da mesma forma, sempre que "nascemos" em um sonho não lúcido nós entramos em um microcosmo do samsara, que se origina na não lucidez, desdobrando-se em delusão e proliferando-se em padrões habituais de desejo e aversão.

De acordo com os ensinamentos do Buda, o samsara não tem um início identificável. Diz-se que ele é sem princípio, mas isso significa literalmente que cada um de nós teve um número infinito de vidas passadas? Se assim for, temos mesmo apenas uma chance infinitesimal de atingir a liberação nesta vida ou em alguma vida futura? Essa é uma perspectiva desanimadora. Talvez haja uma alternativa para essa interpretação excessivamente literal da natureza "sem princípio" do samsara. Talvez o samsara seja sem princípio apenas no sentido de o seu início ser *incognoscível*, assim como as nossas inúmeras vidas passadas.

De acordo com os ensinamentos clássicos sobre os doze elos da originação interdependente[45], baseados em descobertas contemplativas do Buda durante a noite de sua iluminação, o ciclo de renascimento surge da ignorância com relação a aspectos centrais da realidade, como as Quatro Nobres Verdades. A partir dessa não lucidez surgem as formações mentais, impulsos de energia que estruturam o nosso ser e formam a base do nosso caráter. Na dependência dessas formações mentais, surge uma dimensão parcialmente estruturada de consciência, que molda a atividade da energia dessas formações mentais em formas reificadas, mais cristalizadas. Uma vez surgido esse estágio de consciência, surgem "nome e forma", e nesse momento a experiência se torna bifurcada em funções mentais vivenciadas subjetivamente (*nama*), envolvidas em nomear as coisas e aparências vivenciadas objetivamente (*rupa*), que são classificadas e nomeadas. Desta forma, a unidade do fluxo da experiência subjetiva surge como a identificação das aparências e coisas (*nama*) e, objetivamente, surge como as aparências e entidades que são identificadas. A cognição mental (*manas*) é o processo mental de conceituação, que integra e cria sentido a partir das diferentes percepções trazidas através dos seis sentidos[46]. Segundo essa visão, a mente e a matéria não são duas entidades separadas e independentes, que de alguma forma se juntam e interagem uma com a outra. Ao contrário, elas são categorias concebidas a partir

---

45. Uma sequência de doze etapas que revela a mecânica dos renascimentos no ciclo de existência conhecido como samsara.

46. VEN. WERAGODA SARADA MAHA THERO. *Treasury of Truth*: Illustrated Dhammapada. Taipei, Taiwan: The Corporate Body of the Buddha Education Foundation, 1993, p. 61.

de um fluxo de experiência que é mais fundamental do que qualquer uma destas classes derivativas de fenômenos. O problema mente-corpo se origina da mente conceitual e, portanto, a mente que reifica essa dualidade é incapaz de resolver o problema que criou.

Dualismo: o surgimento do sujeito e objeto

Um relato semelhante sobre as origens do samsara é apresentado na tradição budista do Dzogchen. Cada ciclo de samsara começa na não lucidez da base do ser, conhecido como o espaço absoluto dos fenômenos (*dharmadhatu*), que é inseparável da consciência primordial (*jnana*). Este estado de não lucidez corresponde à experiência do substrato (*alaya*), vazio, sem pensamentos, imaterial como o espaço e sem aparências. Deste estado, surgem movimentos de energias cármicas, que começam a cristalizar a experiência e, na dependência de seus movimentos, surge a consciência substrato (*alayavijñana*), uma dimensão de consciência clara e radiante, que é a base do surgimento das aparências. Tudo o que surge consiste de manifestações da luminosidade da consciência substrato, e embora possa dar origem a todos os tipos de aparências, ela não se torna parte integrante de qualquer objeto. A partir da consciência substrato emerge a cognição aflitiva (*klishtamanas*) que solidifica a noção de "eu sou" aqui, em oposição ao espaço do substrato "lá fora". A seguir, surge a cognição mental (*manas*), que diferencia entre aparências objetivas que surgem do espaço imaterial do substrato e os processos mentais subjetivos decorrentes da consciência substrato[47].

---

47. LINGPA, D. *The Vajra Essence*: From the Matrix of Pure Appearances and Primordial Consciousness, a Tantra on the Self-Originating Nature of Existence. Alameda, Calif.: Mirror of Wisdom, 2004, p. 120-121 [Trad. de B.A. Wallace].

As categorias conceituais de mente e matéria, que integram a grande estrutura dos conceitos de sujeito e objeto, emergem de um fluxo de experiência que precede e é mais fundamental do que esses conceitos. Tanto o budismo clássico registrado no Cânone Pali[48] como a tradição Dzogchen rejeitam o materialismo monista (a visão de que tudo se resume ao espaço, tempo, matéria e energia e suas propriedades derivativas ou emergentes) e o dualismo substancial (a teoria de que o mundo é fundamentalmente composto por dois tipos de entidades reais, inerentemente diferentes: mente e matéria). As categorias de mente e matéria são conceitos concebidos a partir do fluxo de experiência, que existem antes da diferenciação entre "externo" e "interno", "sujeito" e "objeto".

O pioneiro psicólogo americano William James propôs uma teoria semelhante, que poderia ter revolucionado as ciências da mente se não tivesse sido dominada posteriormente pelos pressupostos metafísicos do materialismo. Ele rejeitou que a mente e a matéria sejam algo fundamental a partir do qual surgem os fenômenos subjetivos e objetivos, e propôs, em vez disso, que esses conceitos são formulados a partir de um fluxo de "experiência pura", que tem o potencial de se manifestar como mente e matéria[49]. Embora a natureza de tal experiência pura possa ser explorada por meio da introspecção e de várias práticas contemplativas, ela é experimentalmente inacessível aos

---

[48]. De acordo com a Escola Theravada do budismo, esta é a primeira compilação de ensinamentos do Buda existente hoje em dia.

[49]. JAMES, W. "The Notion of Consciousness". In: McDERMOTT, J.J. (org.). *The Writings of William James*: A Comprehensive Edition. Chicago: University of Chicago Press, 1977.

métodos materialistas da psicologia e da neurociência modernas. Portanto, a comunidade científica não tem considerado esta hipótese. Em vez disso, os cientistas cognitivos se baseiam em seus sistemas objetivos de investigação, incluindo questionários, estudos comportamentais, bem como o estudo dos processos neurofisiológicos. A menos que os cientistas entrevistem alguém com conhecimento direto da experiência pura, eles não obterão nenhum conhecimento, nem mesmo indireto, desta dimensão da consciência e, assim, estarão sujeitos a permanecerem presos em suas premissas materialistas não questionadas e, portanto, não corroboradas sobre a origem e a natureza da consciência.

A crença de que toda a experiência subjetiva deve surgir a partir da matéria decorre da visão científica sobre a história do universo. De acordo com esta narrativa, o cosmos se originou a partir do *Big Bang*, de onde surgiu o espaço-tempo e massa-energia, que começaram a formar galáxias, cerca de 400 milhões de anos após o *Big Bang*. Há cerca de cinco bilhões de anos nosso planeta foi formado, e dois ou três bilhões de anos mais tarde, surgiram os primeiros seres vivos e, desde então, a vida tem evoluído por meio da seleção natural e da mutação genética. Se acreditarmos que esta é a única e verdadeira história do universo, a vida deve ter evoluído a partir de matéria não viva, e a consciência deve ter surgido a partir de processos físicos orgânicos. No entanto, não há hipóteses cientificamente comprováveis sobre as condições que levaram ao *Big Bang*, ao surgimento da vida em nosso planeta, ao surgimento da consciência nos primeiros organismos sencientes, ou ao surgimento da consciência em um feto humano. Tudo o que os cientistas formularam são especulações materialistas, e nenhuma delas foi corroborada. Essa ignorância com respeito às origens pode implicar que nem todas as causas e condições que levaram à formação do universo físico, à vida e à consciência são físicas. Na verdade, parece um pouco presunçoso assumir que todo o universo seja composto apenas por tipos de fenômenos que os cientistas são capazes de medir, ou seja, objetivos, físicos e quantificáveis.

Mente e matéria na Física Moderna

Embora a visão clássica sobre a origem e a evolução do cosmos, com base nos pressupostos materialistas e mecanicistas da Física do século XIX, domine o pensamento científico até hoje, ele tem sido desafiado por alguns dos mais brilhantes físicos teóricos dos últimos tempos. Stephen Hawking, por exemplo, propôs que não há uma história absolutamente objetiva do universo, em que ele exista independentemente de todos os sistemas de medição conceituais e modos de investigação. Na verdade, muitos físicos quânticos aderiram à máxima de não atribuir existência àquilo que é, em princípio, incognoscível. O universo que existe independentemente de todos os sistemas de medição é um caso fundamental de algo que é incognoscível em princípio. Portanto, não temos motivos suficientes para afirmar a sua existência e, ainda que tenhamos, estaremos afirmando a existência de algo sobre o qual não sabemos nada, exceto que ele deve existir – e isso é um tipo insignificante de conhecimento, na melhor das hipóteses.

Na Física Quântica é amplamente aceita a afirmação de que antes de se fazer uma medição, o sistema a ser medido existe em um estado de superposição quântica, matematicamente descrito como uma onda de probabilidade. É importante reconhecer que a onda de probabilidade não é algo que está objetivamente ali, à espera de "colapsar" quando uma medição é feita. Em vez disso, é uma descrição matemática que se refere aos resultados probabilísticos de uma medição. Antes de a medição ocorrer, não há partículas elementares discretas, com localizações ou velocidades objetivamente reais, no sistema a ser medido, e nada pode ser dito sobre o que está realmente ali presente de maneira objetiva. Estas partículas e suas propriedades passam a existir apenas com o ato da medição.

Aplicando os princípios da Física Quântica ao universo como um todo, Hawking sugere que, antes de as medições serem feitas, todas as versões possíveis de um único universo existem simultaneamente, em um estado de superposição quântica. Quando os cientistas optam por fazer uma medição, eles selecionam, a partir desta gama de possibilidades, um subconjunto de histórias que compartilham as características específicas medidas. Isto implica que o universo não evoluiu de uma única forma absoluta e real, antes das medições que fazemos no presente. Os cientistas decidem quais medidas fazer, e a informação que é obtida por essas medições fornece a base para as descrições que eles formulam sobre o passado. A história do universo concebida por eles existe em relação às medições que foram realizadas, mas não de forma independente delas. Fazer um conjunto diferente de questões resulta em um conjunto diferente de medições, e uma outra história surge em relação à informação obtida a partir dessas medições. Em outras palavras, os cientistas escolhem uma história do universo com base nos tipos de medições que realizam[50]. Em seu último livro, *A Grand Design*, em coautoria com Leonard Mlodinow, Hawking sugere que os físicos nunca serão capazes de encontrar uma teoria sobre tudo, mas devem sim ficar satisfeitos com uma "família de teorias interconectadas", cada uma delas trazendo verdades relativas aos tipos de medições nas quais se baseiam.

John Wheeler, outro dos físicos teóricos mais proeminentes do final do século XX, propôs uma teoria semelhante, na qual ele descreveu um "circuito estranho", no qual a Física dá origem aos observadores e os observadores dão origem a pelo menos uma parte da Física[51]. De acordo com a história clássica do universo descrita acima, o mundo físico deu origem aos observadores científicos, que fizeram medições de processos materiais, das quais obtiveram informações sobre o mundo natural. Isto implica a sequência clássica de matéria → informação → observadores. Da perspectiva da Física Quântica, no entanto, a *informação* derivada de medições – e não a matéria – é fundamental. Tudo o que nós sabemos sobre a natureza consiste fundamentalmente de tais informações e, a partir dessas informações, os cientistas formularam os conceitos de espaço, tempo, massa e energia. É preciso que um observador obtenha informações que surgem a partir de uma medição, e então a categoria conceitual de *matéria* surge a partir dessa informação. Portanto, isso implica uma se-

---

50. HAWKING, S.W. & HERTOG, T. "Populating the Landscape: A Top-Down Approach". *Physical Review*, D 73, n. 12, 2006, p. 123.527. • BOJOWALD, M. "Unique or Not Unique?" *Nature*, 442, 31/08/2006, p. 988-990.

51. DAVIES, P.C.W. "An Overview of the Contributions of John Archibald Wheeler". In: BARROW, J.D.; DAVIES, P.C.W. & HARPER JR., C.L. (orgs.). *Science and Ultimate Reality*: Quantum Theory, Cosmology and Complexity. Cambridge: Cambridge University Press, 2004, p. 10.

quência invertida daquela que a Física Clássica propõe, a saber: observadores → informações → matéria. Em vez de o universo ser uma máquina desprovida de inteligência, fundamentalmente composta de matéria e energia, Wheeler o descreve como um sistema de processamento de informação em que os observadores-participantes desempenham um papel fundamental no surgimento do mundo natural. Mas o entendimento desse papel requer uma compreensão sobre a consciência, uma vez que não há observadores desprovidos de consciência.

Não há universo sem consciência

Não existe informação sem a presença de um agente consciente que é informado e sem a presença de algo sobre o qual o agente é informado. Da mesma forma, não há um sujeito informado sem a presença de informação, e não há nada sobre a qual alguém é informado se não existir o ato de ser informado e alguém que é informado. Os três – sujeito informado, a transmissão de informações e o objeto sobre o qual o sujeito é informado – são mutuamente interdependentes. Assim, por uma perspectiva, é ainda verdade que a matéria dá origem à informação, que dá origem aos observadores; e, a partir de uma outra perspectiva, é o observador que dá origem à informação, a partir da qual a matéria é concebida. Este é, em suma, o "circuito estranho" de Wheeler, no qual os seres humanos são observadores-participantes que cocriam o mundo da nossa experiência, embora assumindo acriticamente que ele já existe lá fora, independente da nossa participação. Nossa realidade de vigília é, portanto, como um sonho não lúcido, do qual despertaremos apenas quando reconhecermos que medida tem a nossa participação na criação do mundo que experimentamos.

Nos últimos quatrocentos anos, desde o surgimento da ciência moderna, a primeira grande revolução científica ocorreu nas ciências físicas no século XVII. Quando Darwin iniciou a segunda grande revolução científica, no século XIX, ele só poderia ter concluído que a vida se originou e evoluiu devido a processos físicos, pois esses eram os únicos processos sobre os quais os cientistas tinham algum conhecimento. E quando as ciências da mente começaram a se desenvolver, no final do século XIX, os cientistas cognitivos não tinham outra alternativa, a não ser assumir que a consciência e todas as experiências subjetivas surgiam a partir de processos biológicos, pois os cientistas dessa época conheciam apenas os processos físicos orgânicos e inorgânicos. A história da ciência passou de avanços na Física à Biologia e então à Psicologia, e esta sequência se repete em uma escala cósmica, na representação da história do universo pelos cientistas: primeiro havia processos físicos inorgânicos, em seguida orgânicos e então o surgimento da consciência. Em outras palavras, a história científica do universo é uma projeção macrocósmica da história da ciência nos últimos quatrocentos anos. Essa história é baseada em medições feitas primeiramente por físicos, a seguir por biólogos e, finalmente, por psicólogos, e é válida apenas em relação a essas medições, não de forma independente.

As histórias clássicas sobre o cosmos que encontramos nos livros geralmente não fazem qualquer referência à consciência. Elas se concentram unicamente na evolução do universo físico, desde o momento do *Big Bang* até o presente, e se o surgimento da consciência não é sequer mencionado, é porque a consciência é simplesmente considerada um subproduto de configurações complexas da matéria. Não há nenhuma explicação de como a matéria dá origem à consciência, nem há qualquer evidência de que essa teoria seja de fato válida. É simplesmente uma implicação inevitável de uma história do universo puramente baseada em medições físicas. Faça uma pergunta física, e você obterá uma resposta física. Os cientistas alcançaram a excelência na medição de fenômenos físicos, objetivos e quantitativos, e então chegaram coletivamente à conclusão de que o universo deve consistir apenas de fenômenos físicos, objetivos e quantitativos e suas propriedades derivadas ou emergentes. Essa é a história do universo que escolheram, mas não é a única opção racional ou empírica.

Com respeito à origem da consciência humana, William James propôs três teorias: (1) o cérebro produz pensamentos, como um circuito elétrico produz a luz, (2) o cérebro ativa ou possibilita a ocorrência de eventos mentais, como o gatilho de uma lançadeira projeta uma flecha removendo o obstáculo que segura a corda, e (3) o cérebro transmite pensamentos, como um prisma que transmite a luz, refratando-a em um espectro de cores[52]. Ele acrescentou que as correlações conhecidas entre atividade neural e experiência subjetiva eram compatíveis com essas três hipóteses, e isto permanece válido até hoje. Mas os neurocientistas não têm como medir os eventos mentais, que

---

52. JAMES, W. *Human Immortality*: Two Supposed Objections to the Doctrine. Boston: Houghton, Mifflin and Company, 1898, p. 12n3 [Disponível em www.des.emory.edu/mfp/james.html]. Cf. JAMES, W. *Essays in Religion and Morality*. Cambridge, Mass.: Harvard University Press, 1989, p. 75-101.

podem ser apenas "ativados" ou "transmitidos" pelo cérebro. Eles podem medir apenas processos físicos no cérebro, e por isso é mais fácil para eles aceitarem a primeira das teorias mencionadas acima, ou seja, que o cérebro produz todas as experiências subjetivas. Mas, uma vez que todas as correlações conhecidas cérebro-mente são compatíveis com todas as três hipóteses, não há nenhuma evidência empírica de que a primeira hipótese seja a única verdadeira.

James acreditava que, quando a função do cérebro cessa com a morte, o fluxo de consciência individual que se configurou desaparece, mas uma dimensão mais fundamental da consciência da qual esse fluxo emergiu seguiria[53]. Muitos cientistas poderiam argumentar que não há nenhuma evidência que apoie esta hipótese, mas uma vez que todas as evidências, ou informações, que os neurocientistas têm sobre a consciência são baseadas na atividade cerebral, este raciocínio é completamente circular. Se você formular questões apenas físicas e fizer medições físicas relativas à consciência, você obterá apenas respostas físicas, e a conclusão de que a consciência é totalmente dependente da função cerebral é inevitável. Em outras palavras, a própria suposição inicial e as medições subsequentes levam a uma única conclusão possível, que é idêntica à suposição inicial.

Do ponto de vista da Física do século XX, o universo físico descrito por Newton era imaginário, pois ele assumiu que espaço, tempo, massa e energia eram absolutos, mantendo as mesmas características independentemente do sistema de referência inercial. Tal universo não existe, mas isso não é aparente,

---

53. JAMES, W. *Human Immortality...* Op. cit., p. 18.

enquanto forem considerados exclusivamente objetos relativamente grandes viajando a velocidades não relativísticas. Da mesma forma, o universo descrito pela ciência moderna é imaginário, pois assume que a consciência surgiu acidentalmente a partir de interações complexas de processos orgânicos e que ela não desempenha nenhum papel significativo no mundo natural. Tal universo não existe, mas isso não é aparente, enquanto forem considerados exclusivamente processos físicos e suas interações com os níveis grosseiros de consciência.

Quando os princípios da Física Quântica são aplicados ao universo como um todo, conforme apresentado na cosmologia quântica, o papel do observador-participante é fundamental. E não há observador-participante se não considerarmos a consciência. Isto implica, portanto, que a consciência é tão fundamental para o cosmos quanto o espaço-tempo e massa-energia, como sugerido pelo físico de Stanford, Andrei Linde[54], e contrário à noção especulativa de que a consciência emerge magicamente a partir de substâncias químicas e de eletricidade no cérebro, como um gênio saindo de uma garrafa.

Os físicos, no entanto, não têm formação que os ajude a explorar a natureza ou os potenciais da consciência e de seu papel no mundo natural. Ao mesmo tempo, os cientistas cognitivos em geral têm pouca ou nenhuma formação em Física Contemporânea avançada e, por essa razão, apoiam-se nas premissas metafísicas ultrapassadas da Física Clássica do século XIX. Mesmo quando algumas das mentes mais brilhantes da Física

---

54. LINDE, A. "Inflation, Quantum Cosmology and the Anthropic Principle". In: BARROW et al. (orgs.). *Science and Ultimate Reality*, p. 426-458.

abordam a questão da consciência, infelizmente, baseiam-se nos pressupostos materialistas dos cientistas cognitivos, que estão fora de sincronia com a Física Contemporânea. Em uma recente entrevista, Hawking, por exemplo, simplesmente repetiu uma das hipóteses não corroboradas da neurociência moderna, quando respondeu à pergunta sobre o que ele acredita que acontece com a consciência após a morte: "Eu acho que o cérebro é essencialmente um computador e a consciência é como um programa de computador. Ele deixará de ser executado quando o computador for desligado"[55]. Mais uma vez, sem qualquer evidência confirmatória, presume-se – sem nenhuma explicação convincente de como substâncias químicas e eletricidade no cérebro produzem ou se transformam em experiência subjetiva – que a consciência não é nada mais do que um produto dos circuitos cerebrais. Aqui a Física chega a um impasse e a revolução da Física no século XX se torna ultrapassada devido a uma compreensão inadequada da natureza da consciência e do seu papel no universo.

A continuidade da consciência

A origem da consciência é uma sequência dispersa de pensamentos errantes envolta na ausência de lucidez, como a origem da consciência em um sonho não lúcido. De acordo com o Budismo Vajrayana, a origem da consciência humana comum também está envolta em não lucidez. Assim como a consciência

---

55. HAWKING, S. "10 Questions for Stephen Hawking". *Time Magazine*, Monday, 15/11/2010 [Disponível em www.time.com/time/magazine/artide/0,9171,2029483,00.html#ixzz14Pqh5jPN].

primordial se manifesta como a clara luz da morte imediatamente durante o processo da morte, ela também se manifesta como a clara luz do nascimento no momento da concepção. Mas para os seres comuns, esta consciência prístina brilha de forma breve sem ser reconhecida e é imediatamente ofuscada pelo surgimento não lúcido do substrato. As energias cármicas catalisam então este vazio imaterial, do qual emerge a consciência substrato e, durante a formação do feto, forma-se a mente humana, na dependência do sistema nervoso em desenvolvimento.

A busca científica por correlatos neurais da consciência – que tem tido pouco sucesso – se baseia no pressuposto nunca confirmado de que a consciência emerge de interações complexas da atividade neuronal. Presume-se que os correlatos neurais hipotéticos da consciência constituem o grau mínimo de atividade necessária para gerar a consciência. Mas ao contrário do pressuposto materialista, se a consciência for simplesmente configurada pela atividade cerebral, em vez de ser produzida por ele, essa busca científica será em vão, pois se baseia em uma premissa falsa. Quando os cientistas especulam a respeito das origens da consciência no nosso planeta, novamente apresentam apenas suposições não corroboradas, e não hipóteses cientificamente testáveis. As causas e as condições necessárias e suficientes para o surgimento da consciência são simplesmente desconhecidas pela comunidade científica, que igualmente desconhece o que acontece com a consciência no processo de morte. Na falta de qualquer meio para testar quaisquer hipóteses não físicas sobre a natureza e as origens da consciência, os cientistas se baseiam unicamente nas suas medições físicas, o que inevitavelmente conduz a teorias físicas sobre a consciência.

Ao implementar essas práticas meditativas como shamatha, vipashyana e Dzogchen, os contemplativos budistas são capazes de testar suas hipóteses experimentalmente, e isso tem sido feito várias vezes ao longo de centenas de anos, nas diferentes sociedades. À luz da rica história da investigação racional e experimental da consciência em várias tradições budistas, é intrigante que tantos professores budistas contemporâneos modernos sejam tão indiferentes com respeito ao que acontece no momento da morte. Dando pouco ou nenhum crédito a séculos de descobertas contemplativas feitas pelas gerações passadas de contemplativos budistas, que remontam as próprias descobertas do Buda na noite de sua iluminação, eles consideram as questões de renascimento e carma como irrelevantes para a prática espiritual. Sua lógica parece ser de que é suficiente apenas estar presente aqui e agora, levar uma boa vida, e deixar que o futuro cuide de si mesmo. Mas muitas dessas mesmas pessoas têm o cuidado de comprar um seguro de saúde e planos de aposentadoria, mesmo que não fiquem gravemente doentes ou não vivam tempo suficiente para se beneficiarem de suas poupanças. Essas pessoas levam seu futuro a sério apenas dentro do contexto desta vida, mas ignoram completamente a possibilidade de que o seu futuro possa se estender para muito além desta vida.

Tradicionalmente, a ideia de ser budista corresponde a tomar refúgio no Buda, no Darma e na Sanga, o que implica um profundo senso de confiança e de compromisso com a iluminação do Buda, seus ensinamentos, e seus seguidores espiritualmente realizados, conforme descrito nos textos mais importantes de que dispomos. Essa confiança e esse compromisso com as "Três Joias" parecem faltar em quem desconsidera as ideias e ensinamentos do Buda sobre a continuidade da consciência de uma vida para a próxima. Se as consequências das ações de uma pessoa em vidas futuras não forem consideradas, todo o foco de sua atenção estará apenas nesta vida. Apenas esta vida é considerada real e digna de consideração. Para a maioria de nós, as chances de atingir a liberação de um arhat do ciclo de nascimento e morte nesta vida são pequenas, pois simplesmente não estamos dedicando tempo e energia suficientes a essa busca. Se tudo o que importa para nós for o nosso bem-estar nesta vida, então a aspiração pela liberação não surgirá. Toda a essência das Quatro Nobres Verdades enfraquece. Além disso, a probabilidade de atingirmos a iluminação de um buda é ainda menor, porque não damos a menor atenção às vidas futuras e, portanto, a aspiração do bodisatva de alcançar a iluminação para o benefício de todos os seres sencientes também não irá surgir. Assim, as raízes do modo de vida do bodisatva são cortadas.

Alguns professores budistas chegam ao ponto de negar que o próprio Buda tenha declarado ter obtido *insight* direto sobre a realidade do renascimento e do carma. Todos nós somos perfeitamente livres para acreditarmos no que quisermos, e o próprio Buda encorajou seus seguidores a colocarem todos os seus ensinamentos sob o crivo da razão e da experiência. Mas, com base na sabedoria amadora impulsionada por tendências pessoais, alguns budistas revisionistas recriam o Buda de acordo com suas próprias ideias e experiências pessoais e, em seguida, "tomam refúgio" em suas próprias fantasias sobre quem o Buda *realmente* era e sobre o que ele *realmente* ensinou. Por um lado, esta deturpação da vida e dos ensinamentos do Buda pode parecer inofensiva – as pessoas têm liberdade de expressão para ensinar e escrever o que quiserem. Mas, por outro lado, se a venda de imitações baratas de relógios Rolex® como se fossem verdadeiros, feita por vendedores ambulantes, é fraudulenta, é igualmente fraudulento professores venderem suas próprias especulações como autênticos ensinamentos de Buda.

Isso não significa que a pessoa deva aceitar as teorias budistas sobre a consciência antes de poder se dedicar à prática budista. O Buda nunca exigiu que seus seguidores acreditassem em qualquer coisa dita por ele. Tudo o que é tradicionalmente exigido dos estudantes do budismo é que tenham a mente aberta, perspicaz e dedicada à busca da liberação, por meio do cultivo do *insight* e da compreensão[56]. Através de práticas como shamatha, vipashyana e Dzogchen, aqueles com forte determinação, que estejam dispostos a dedicar suas vidas a essa investigação, poderão colocar a hipótese budista à prova, por meio da experiência e da razão. Aqueles que não tiverem tanta dedicação, poderão simplesmente permanecer agnósticos (sem lucidez), mas deverão ter em mente que, na visão budista, a não lucidez ou ignorância é a raiz do samsara, não o caminho para a liberação. Outros poderão desenvolver confiança suficiente na integridade dos contemplativos budistas ao longo dos séculos e vir a confiar em seus *insights*. No mundo moderno, essa confiança é comumente depositada na comunidade científica e, muitas vezes, por uma boa razão. Mas quando se trata de consciência, as premissas metafísicas são comumente substituídas por hipóteses empiricamente validadas e esta tendência tem causado uma confusão sem fim.

---

[56]. Catuḥśataka, vs. 276. Cf. SONAM, R. *Yogic Deeds of Bodhisattvas*: Gyel-tsap on Aryadeva's Four Hundred. Ithaca, NY: Snow Lion Publications, 1994, p. 239-240 [Comentários de G.S. Rinchen – Trad. R. Sonam].

A origem da consciência deludida está envolta em não lucidez, o que leva à conclusão de que o samsara budista não tem princípio. Mas a delusão pode ter fim? Alguns budistas, tendo praticado durante décadas, sem encontrar a liberdade completa com relação às suas aflições mentais, classificaram como "enganosas" todas as afirmações tradicionais de que a liberdade completa e irreversível é possível, atribuídas ao Buda e a muitos excelentes praticantes que vieram depois dele. Em vez de reavaliarem a sua própria prática para identificar deficiências, eles reinterpretaram os ensinamentos do Buda, para que ficassem mais de acordo com as premissas da psicanálise moderna. Outros mestres budistas, que seguem rigorosamente a tradição e o que eles consideram ser o "puro Darma", enfatizam tanto a importância das vidas futuras que parecem não perceber se os alunos estão realmente se beneficiando de sua prática nesta vida. Esta atitude pode ser resultado da crença de que estamos vivendo agora em tempos tão degenerados, que ninguém pode realisticamente se esforçar para atingir a liberação ou a iluminação nesta vida. Resta saber se essa suposição é verdadeira ou não, mas aqueles que estão totalmente empenhados em alcançar o caminho budista e segui-lo até a sua culminância é que descobrirão por si mesmos se essa liberdade é possível nesta vida.

Como William James declarou, para que a categoria de verdades que dependem da preferência pessoal, confiança ou lealdade se tornem reais: "A fé não é apenas lícita e pertinente, mas essencial e indispensável. [Tais] verdades podem não se tornar realidade até que a nossa fé as torne"[57]. É possível acordar

---

[57]. JAMES, W. *The Will to Believe, and Other Essays in Popular Psychology*. Nova York: Longmans, Green, and Co., 1898, p. 96.

deste sonho do samsara por conhecermos experimentalmente a natureza da consciência e do seu papel no universo? Apenas se tomarmos essa possibilidade como a nossa hipótese de trabalho e nos aplicarmos de todo o coração para testá-la da maneira mais rigorosa que pudermos.

Glossário

Arhat. "Aquele que é digno", que atingiu o nível mais alto do Theravada e está liberado do ciclo de nascimento e morte.
Atenção plena. Atenção contínua a um objeto escolhido, que requer que o praticante se lembre da tarefa e não se distraia com outros fenômenos.
Atitude reflexiva crítica. Um questionamento ou atitude cética aplicada a fenômenos mentais, no nosso caso, especialmente aos fenômenos que surgem nos sonhos.

Bodicita. No Budismo Mahayana, a "mente desperta". Bodicita relativa é o desejo de alcançar a iluminação para o benefício de todos os seres sencientes. Bodicita absoluta é, da perspectiva do Dzogchen, sinônimo de consciência primordial.
Buda, o. O Buda Shakyamuni histórico (563-483 a.C.), que atingiu a iluminação sob a árvore bodhi em Bodh Gaya (atualmente na Índia) e ensinou o Darma budista por 45 anos.
Buda, um. Um ser "desperto", um ser liberado do ciclo da existência (*samsara*), que possui qualidades como onisciência, compaixão ilimitada e uma compreensão completa da verdadeira natureza das coisas.

Cânone Pali. De acordo com a escola budista Theravada, esta é a primeira compilação de ensinamentos do Buda existente na atualidade.

Carma. (Termo sânscrito para "ação") De acordo com as crenças budistas tradicionais, os atos dos seres ficam impressos na consciência substrato (*alaya vijñana*) e os resultados desses atos (seu carma), mais tarde, concretizam-se.

Consciência primordial. Veja consciência prístina.

Consciência prístina. O nível mais profundo e fundamental da mente. Sinônimo de natureza búdica, *bodicita* absoluto, *rigpa*, *darmakaya*, consciência primordial, iluminação.

Consciência substrato. (Sânscrito: *alaya vijñana*) A base da mente comum; um *continuum* que persiste de vida para vida e do qual surge toda a atividade mental ordinária. Anterior e mais fundamental do que o subconsciente, é considerada a fonte da psique.

Corpo ilusório. Prática de ver todos os fenômenos, incluindo a si mesmo, surgindo como ilusões, como um sonho. Ver o corpo de alguém como simplesmente uma matriz de ilusões.

Diário de sonhos. Um diário onde se descreve o conteúdo de seus sonhos.

DILD (*Dream-Iniciated Lucid Dream*): Sonho lúcido iniciado no sonho; termo criado por Stephen LaBerge para descrever sonhos lúcidos que são, muitas vezes, deliberadamente provocados por conteúdos do sonho.

Doze elos da originação interdependente. Sequência de doze etapas que revela os mecanismos de renascimento no ciclo de existência conhecido como *samsara*.

Estabelecer a mente em seu estado natural. Prática da meditação de atenção focada nos fenômenos mentais, onde o praticante observa o espaço mental e todos os eventos que surgem nesse espaço – pensamentos, imagens mentais e emoções – de forma neutra, objetiva, sem qualquer envolvimento.

Estabelecer o corpo em seu estado natural. Relaxamento progressivo do corpo que permite obter três qualidades: relaxamento, quietude e vigilância.

Física Quântica. Ramo da Física originada no século XIX por Max Planck. A Física Quântica, ainda a base da Física Moderna, põe em dúvida a base materialista da Física Newtoniana tradicional, afirmando que os blocos de construção do universo são nebulosos e indeterminados por natureza.

Ghatika. Termo sânscrito para um período de meditação de vinte e quatro minutos, que na Índia Antiga foi considerado a duração ideal para o treinamento inicial na meditação.

Hipótese de trabalho. Teoria que o praticante testa, confrontando-a com a evidência experimental ou com a experiência de forma objetiva e aberta.

Iluminação. Despertar completo, que inclui o conhecimento da realidade como um todo, em amplitude e profundidade, e a compaixão e o amor profundos por todos os seres.
Imagens hipnagógicas. Aparências mentais oníricas vívidas que geralmente surgem antes do sonho.
Introspecção. Na prática da quiescência meditativa, esta é uma espécie de controle de qualidade, onde o praticante está continuamente consciente do estado de sua atenção. Um tipo de metacognição que faz com que o praticante esteja consciente do seu grau de atenção.
Ioga dos sonhos. Prática tradicional do budismo tibetano, onde os sonhos são usados como um caminho para o despertar espiritual.

Lassidão, embotamento. Um estado onde a atenção está sem foco, nebulosa, e que tende à sonolência.

Memória prospectiva. Neste contexto refere-se a se preparar para lembrar de algo em um sonho futuro.
Memória retrospectiva. Neste contexto, refere-se a lembrar de sequências de eventos em um sonho do passado.
MILD (*Mnemonic Induction of Lucid Dreams*). Indução Mnemônica de Sonhos Lúcidos. Termo criado por Stephen LaBerge para dispositivos mnemônicos de memória prospectiva usados para acionar a lucidez durante o sonho. Os sinais de sonho são um exemplo.
Mindfulness. Veja Atenção plena.

Nyam. (Termo tibetano para "experiência meditativa") Uma experiência anômala, transitória, psicológica ou somática, que é catalisada pela meditação correta.

Prana. Uma forma de energia vital associada com a respiração, na ioga indiana tradicional.

Psique. Nossa mente comum, condicionada, que compreende os cinco sentidos físicos, juntamente com os fenômenos mentais conscientes e inconscientes – pensamentos, sentimentos, sensações, e assim por diante.

Quietude. Neste contexto, um antídoto para a agitação.

Quietude meditativa. (Em sânscrito: *shamata*) Um grupo de técnicas de meditação que levam à quietude mental.

Relaxamento. Neste contexto, um antídoto para a agitação.

Samadhi. (Termo em sânscrito para concentração focada) Perfeição da concentração meditativa, onde o observador e o observado são não duais.

Samaya. Um voto ou compromisso tântrico, geralmente dado por um professor quando uma iniciação tântrica é recebida.

Samsara. Em termos mais simples, é a experiência semelhante ao sonho, vida após vida, impulsionada pela ignorância.

Ser senciente. Geralmente se refere a seres não iluminados que possuem mentes e que, portanto, são capazes de pensar, sentir e perceber.

Shamatha. Veja "quietude meditativa".

Shavasana. (Termo em sânscrito para "postura do cadáver") Postura da ioga na posição supina.

Sinal de sonho. Um fenômeno presente no sonho que comunica ao sonhador, devido à preparação prévia, o fato de que ele ou ela está, no momento, sonhando.

Sonho lúcido. Estar consciente de que se está sonhando, durante a experiência do sonho no sono.

Substrato. (sânscrito: *alaya*) O espaço da mente que surge à consciência substrato: a vacuidade luminosa em que se dissolvem o eu, os outros e os objetos.

Terra pura de um buda. Criada através da aspiração positiva de um buda quando ainda era um bodhisattva (a estar no caminho de virtudes perfeitas para a iluminação).

Vacuidade. Ausência de existência inerente, tanto dos fenômenos quanto da dualidade intrínseca entre sujeito e objeto.

Vigilância. Neste contexto, uma atitude mental que neutraliza a lassidão.

WILD (*Wake-Initiated Lucid Dreams*). Sonho Lúcido Iniciado na Vigília. Termo criado por Stephen LaBerge para a prática de entrar em sonhos de forma consciente.

Referências selecionadas

GYATRUL RINPOCHE. *Meditation, Transformation, and Dream Yoga*. Ithaca, NY: Snow Lion, 2002 [Trad. de B.A. Wallace e S. Khandro].

LaBERGE, S. & RHEINGOLD, H. *Lucid Dreaming*: A Concise Guide to Awakening in Your Dreams and in Your Life. Boulder, Colo.: Sounds True, 2009.

_____. *Exploring the World of Lucid Dreaming*. Nova York: Ballantine Books, 1990.

_____. *Lucid Dreaming*. Nova York: Random House, 1990.

LAMRIMPA, G. *Realizing Emptiness*: Madhyamaka Insight Meditation. Ithaca, NY: Snow Lion, 1999.

_____. *Calming the Mind*. Ithaca, NY.: Snow Lion, 1992.

NORBU, N. *Dream Yoga and the Practice of Natural Light*. Ithaca, NY: Snow Lion, 2002.

_____. *The Cycle of Day and Night*. Barrytown, NY: Station Hill Press, 2000.

PADMASAMBHAVA. *Natural Liberation*: Padmasambhava's Teachings on the Six Bardos. Boston: Wisdom, 2008 [Comentários de G. Rinpoche; trad. de B.A. Wallace].

_____. *The Tibetan Book of the Dead*. Boston: Shambhala, 1987 [Trad. e coment. de F. Fremantle e C. Trungpa].

SUA SANTIDADE DALAI-LAMA. *Sleeping, Dreaming, and Dying*: An Exploration of Consciousness. Boston: Wisdom, 2002 [Org. de F. Varela].

_____. *Stages of Meditation*. Ithaca, NY: Snow Lion, 2001.

TENZIN WANGYAL RINPOCHE & MARK DAHLBY. *The Tibetan Yogas of Dream and Sleep*. Ithaca, NY: Snow Lion, 1998.

TSONGKHAPA, Lama Jey. "A Practice Manual on the Six Yogas of Naropa: Taking the Practice in Hand". In: MULLIN, G.H. (org.). *Readings on the Six Yogas of Naropa*. Ithaca, NY: Snow Lion, 1997, p. 93-135.

URGYEN, T. *Blazing Splendor*: The Memoirs of Tulku Urgyen Rinpoche. Boudanath, Nepal: Rangjung Yeshe, 2005.

WALLACE, B.A. *Meditations of a Buddhist Skeptic*: A Manifesto for the Mind Sciences and Contemplative Practice. Nova York: Columbia University Press, 2011.

_____. *Mind in the Balance*: Meditation in Science, Buddhism, and Christianity. Nova York: Columbia University Press, 2009.

_____. *The Attention Revolution*: Unlocking the Power of the Focused Mind. Boston: Wisdom, 2006.

_____. *Genuine Happiness*: Meditation as a Path to Fulfillment. Hoboken, NJ: John Wiley & Sons, 2005.

_____. *The Taboo of Subjectivity*: Toward a New Science of Consciousness. Nova York: Oxford University Press, 2000.

Dê um livro de presente!

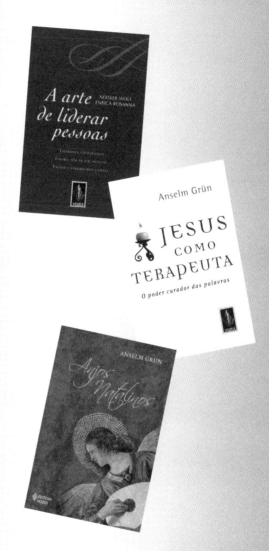

www.vozes.com.br
vendas@vozes.com.br

CULTURAL

Administração
Antropologia
Biografias
Comunicação
Dinâmicas e Jogos
Ecologia e Meio Ambiente
Educação e Pedagogia
Filosofia
História
Letras e Literatura
Obras de referência
Política
Psicologia
Saúde e Nutrição
Serviço Social e Trabalho
Sociologia

CATEQUÉTICO PASTORAL

Catequese
  Geral
  Crisma
  Primeira Eucaristia

Pastoral
  Geral
  Sacramental
  Familiar
  Social
  Ensino Religioso Escolar

TEOLÓGICO ESPIRITUAL

Biografias
Devocionários
Espiritualidade e Mística
Espiritualidade Mariana
Franciscanismo
Autoconhecimento
Liturgia
Obras de referência
Sagrada Escritura e Livros Apócrifos

Teologia
  Bíblica
  Histórica
  Prática
  Sistemática

VOZES NOBILIS

Uma linha editorial especial, com importantes autores, alto valor agregado e qualidade superior.

REVISTAS

Concilium
Estudos Bíblicos
Grande Sinal
REB (Revista Eclesiástica Brasileira)

VOZES DE BOLSO

Obras clássicas de Ciências Humanas em formato de bolso.

PRODUTOS SAZONAIS

Folhinha do Sagrado Coração de Jesus
Calendário de mesa do Sagrado Coração de Jesus
Almanaque Santo Antônio
Agendinha
Diário Vozes
Meditações para o dia a dia
Encontro diário com Deus
Guia Litúrgico

CADASTRE-SE
www.vozes.com.br

EDITORA VOZES LTDA.
Rua Frei Luís, 100 – Centro – Cep 25689-900 – Petrópolis, RJ
Tel.: (24) 2233-9000 – Fax: (24) 2231-4676 – E-mail: vendas@vozes.com.br

UNIDADES NO BRASIL: Belo Horizonte, MG – Brasília, DF – Campinas, SP – Cuiabá, MT
Curitiba, PR – Fortaleza, CE – Juiz de Fora, MG – Petrópolis, RJ – Recife, PE – São Paulo, SP